Accounting
二分法会计

岑湛标 ◀ 著

中山大学出版社　
SUN YAT-SEN UNIVERSITY PRESS
·广州·

版权所有　翻印必究

图书在版编目（CIP）数据

二分法会计/岑湛标著．—广州：中山大学出版社，2019.2

ISBN 978-7-306-06527-8

Ⅰ．①二… Ⅱ．①岑… Ⅲ．①会计学 Ⅳ．①F230

中国版本图书馆 CIP 数据核字（2019）第 001516 号

出 版 人：王天琪
策划编辑：李　文
责任编辑：黄浩佳
封面设计：曾　斌
责任校对：李艳清
责任技编：黄少伟
出版发行：中山大学出版社
电　　话：编辑部 020-84111996，84113349，84111997，84110779
　　　　　发行部 020-84111998，84111981，84111160
地　　址：广州市新港西路 135 号
邮　　编：510275　　传　真：020-84036565
网　　址：http://www.zsup.com.cn　　E-mail：zdcbs@mail.sysu.edu.cn
印 刷 者：虎彩印艺股份有限公司
规　　格：787mm×1092mm　1/16　9.75 印张　120 千字
版次印次：2019 年 2 月第 1 版　2019 年 2 月第 1 次印刷
定　　价：30.00 元

如发现本书因印装质量影响阅读，请与出版社发行部联系调换

内 容 提 要

本书通过对美国学者伊尻雄治教授倡导的扩展复式记账法的研究,得出复式记账法的二分法逻辑除增减因果逻辑外,还有定向因果逻辑的结论。同时发现,伊尻雄治教授的扩展复式记账法的第三度是双核会计空间的第三核,从而把复式记账法扩展至3核式乃至跨越3核式记账法。在这个基础上,进一步把复式记账法扩展至宏观价值会计和宏观物量会计。

本书内容属理论会计学范畴,供会计专业师生、会计工作者和会计研究人员学习、参考。

序　言

　　复式记账法自从 1494 年面世，一直被世界广泛应用。没有人怀疑，没有人提出异议，复式记账法好像十全十美，无懈可击。直到 1957 年左右，美国学者伊尻雄治教授（简称"教授"）开始致力于扩展复式记账法的研究。

　　到 1982 年，教授用了 25 年研究三式簿记的第三度以扩展复式簿记初见成效，向美国会计学会提交研究报告，并以美国会计学会的名义，把该研究报告作为第 18 号专题研究报告发表。但是，研究尚未成功，连教授本人也认为扩展复式簿记问题只是"解决了一半"。而只是解决了一半的原因，是在复式簿记分录中大约只有一半分录是增减因果逻辑，另一半分录无论如何都与因果逻辑扯不上关系。

　　几乎与此同时，作者 1957 年也开始研究复式记账法。经过 25 年的实践和研究，于 1982 年发表论文《会计核算的数学模型》，提出复式记账法的矩阵模型。

　　此后，作者再经过 32 年的努力和尝试，最后以点集拓扑学为工具，在会计空间引入双核拓扑结构，于 2014 年出版了《拓扑会计学》一书。

　　伊尻雄治教授认为复式记账法是完备的，这点从复式记账法 500 多年屹立不倒可证明。但他不服气，决心致力于寻找资产与权益两度之外的第三度以扩展复式记账法。

　　这就要做到两点：一是揭露复式记账法的二分法逻辑是什么，为什么叫复式；二是找出第三度后必须保留原来的两度，而且扩展复式记账制度为三度记账制度之后还是完备的。

　　作者通过研究已经成功破解复式记账法背后隐藏的二分法逻辑除增减因果逻辑外，还有定向因果逻辑，把教授提及的另一半因果逻辑补充圆满，使全部复式记账法的分录以至扩展为 3 核式记账法后的分录都具备这种定向因果逻辑，达到扩展复式记账法之后记账制度还是完备的要求。

在此基础上，作者再把3核式记账法扩展至跨越3核式记账法，并提出复式记账法创新式扩展的思想。进一步把复式记账法扩展至宏观价值会计和宏观物量会计，写出本书。

本书主要内容如下：

第一章：划定财务会计与管理会计的界限，明确复式记账法的直系传承者为财务会计。因此，管理会计的各种理论、课题和方法均不属于复式记账法的扩展，只有在财务会计的记账思想、记账方法和记账制度基础上才适合讨论复式记账法扩展的问题。

第二章：摘要介绍拓扑会计学的内容。拓扑会计学虽然不是复式记账法的扩展而是复式记账法的数学描述，但它提出双核会计空间的构思，为把复式记账法推广到3核式乃至跨越3核式记账法铺平道路；它把传统会计的资产与权益两度转化为资产与权益两核，也在会计学理论上开拓一片新天。

第三章：详细揭露隐藏在复式记账法背后的二分法逻辑除增减因果逻辑外，还有定向因果逻辑。在单式记账法阶段，定向因果逻辑不存在，因为在这阶段还未形成资产与权益两核的对立统一；1494年创立复式记账法的丰功伟绩在于引入资产与权益的矛盾统一，形成定向因果逻辑。不仅如此，在复式记账法扩展到3核式乃至跨越3核式记账法后，定向因果逻辑依然存在。

第四章：全面介绍事业部会计以及资源配置核和资金投入形式核的内容。以资产、资源配置、权益、投入形式4核为基础，组成3核式记账法和4核式记账法。同时规定：保留权益核与投入形式核的复式记账法扩展属于守旧式扩展，不保留权益核与投入形式核的复式记账法扩展属于创新式扩展。

创新式扩展可构成宏观会计，包括宏观价值会计和宏观物量会计。在创新式扩展中，定向因果逻辑不复存在，由总数与细数关系的总细因果逻辑代替。

第五章及第六章：回顾传统会计的兴衰，展望财务会计的前景。

本书内容属理论会计学范畴，供会计专业师生、会计工作者和会计研究人员学习和参考。恳切希望读者参与扩展复式记账法的学术讨论，并对本书提出宝贵意见。

作　者

2018 年 6 月

目　　录

第1章　传统会计解体 ··· 1
1.1　世纪难题 ··· 1
1.1.1　难题要求 ·· 1
1.1.2　两种表述 ·· 2
1.1.3　一半答案 ·· 4
1.1.4　另辟蹊径 ·· 6
1.2　记账内容 ··· 7
1.2.1　记账的必要 ·· 7
1.2.2　记账的核心内容 ·· 8
1.2.3　记账的延伸内容 ·· 9
1.2.4　传统会计的解体 ·· 9
1.3　记账方法 ··· 10
1.3.1　单式记账法 ·· 10
1.3.2　复式记账法 ·· 11
1.3.3　电算会计 ·· 12
1.4　算账工具 ··· 13
1.4.1　算珠和算盘 ·· 13
1.4.2　机械计算机 ·· 13
1.4.3　电子计算机 ·· 14
1.5　二仆主体 ··· 14
1.5.1　二仆主体的概念 ·· 14
1.5.2　二仆主体的形成 ·· 14
1.5.3　二仆主体的种类 ·· 15

1.6 分体的界定 ·· 16
1.6.1 管理会计课题不属于财务会计 ····························· 16
1.6.2 其他使用财务会计信息的科学也不属于财务会计 ············· 16
1.6.3 介绍计算工具的科学也不属于财务会计 ····················· 17
1.7 既分且合 ·· 18
1.7.1 管理会计的形成 ··· 18
1.7.2 财务会计的演变 ··· 19
1.7.3 两者联系与划分 ··· 19

第2章 拓扑会计登场 ··· 21
2.1 会计空间 ·· 21
2.1.1 空间由点构成 ·· 21
2.1.2 集合和集系 ·· 22
2.1.3 集合的联系 ·· 22
2.1.4 集合的运算 ·· 23
2.2 度量空间 ·· 23
2.2.1 实数空间 ·· 24
2.2.2 自由变量 ·· 24
2.2.3 空间维数 ·· 25
2.3 离散度量 ·· 26
2.3.1 欧氏距离 ·· 26
2.3.2 度量公理 ·· 27
2.3.3 离散度量的定义 ·· 28
2.3.4 离散度量的性质 ·· 28
2.4 双核空间 ·· 29
2.4.1 空间的核 ·· 29
2.4.2 双核的形成 ·· 30
2.4.3 科目序偶 ·· 31
2.5 会计方程 ·· 32
2.5.1 会计要素 ·· 32

  2.5.2 静态方程 ……………………………………………………… 33
  2.5.3 动态方程 ……………………………………………………… 33
 2.6 拓扑空间 …………………………………………………………… 34
  2.6.1 会计空间的度与维 …………………………………………… 34
  2.6.2 乘积空间 ……………………………………………………… 35
  2.6.3 拓扑结构 ……………………………………………………… 35
 2.7 拓扑映射 …………………………………………………………… 36
  2.7.1 会计空间的两个具体度量 …………………………………… 36
  2.7.2 复合映射 ……………………………………………………… 37
  2.7.3 会计空间的3个拓扑映射 …………………………………… 37
 2.8 期末结账 …………………………………………………………… 41
  2.8.1 余额平衡关系 ………………………………………………… 41
  2.8.2 结账工作底表 ………………………………………………… 42
  2.8.3 账项调整 ……………………………………………………… 43
 2.9 财务报表 …………………………………………………………… 45
  2.9.1 编制财务报表 ………………………………………………… 45
  2.9.2 编制结账分录 ………………………………………………… 47
  2.9.3 结账分录的例子 ……………………………………………… 47

第3章 二分法逻辑揭秘 …………………………………………………… 49
 3.1 因果逻辑 …………………………………………………………… 49
  3.1.1 因果逻辑的定义 ……………………………………………… 49
  3.1.2 因果逻辑的形成 ……………………………………………… 50
  3.1.3 定向因果逻辑 ………………………………………………… 51
  3.1.4 因果关系的内容 ……………………………………………… 52
  3.1.5 会计学的3种因果逻辑 ……………………………………… 53
 3.2 二进制数 …………………………………………………………… 54
  3.2.1 零的地位 ……………………………………………………… 54
  3.2.2 自然数 ………………………………………………………… 54
  3.2.3 数位制 ………………………………………………………… 55

- 3.2.4 十进制的优劣 ... 56
- 3.2.5 二进制数的个数 ... 56

3.3 记账思想 ... 57
- 3.3.1 复式与双式 ... 57
- 3.3.2 实在核与概念核 ... 57
- 3.3.3 正负记账法 ... 58
- 3.3.4 正负符号乘法 ... 59

3.4 记账简史 ... 61
- 3.4.1 记账的产生 ... 61
- 3.4.2 单核式记账法 ... 62
- 3.4.3 平衡关系 ... 63
- 3.4.4 单核式会计的贡献 ... 63
- 3.4.5 单核式分类账 ... 64
- 3.4.6 双核式记账法 ... 66
- 3.4.7 拓扑会计学 ... 66
- 3.4.8 二分法会计 ... 67

3.5 记账方法 ... 68
- 3.5.1 n 维向量 ... 68
- 3.5.2 分录向量 ... 68
- 3.5.3 分录向量形式 ... 69
- 3.5.4 单核式分录向量 ... 69
- 3.5.5 双核式分录向量 ... 71
- 3.5.6 2+1 核式分录向量 ... 72
- 3.5.7 1+2 核式向量分录 ... 73
- 3.5.8 各种向量分录总结 ... 74

3.6 账户式分录 ... 75
- 3.6.1 账户式分录的表示 ... 76
- 3.6.2 1 核账户式分录 ... 76
- 3.6.3 2 核账户式分录 ... 77

  3.6.4 3核账户式分录 ·· 78
 3.7 发生额函数 ·· 79
  3.7.1 时间的计量 ··· 79
  3.7.2 一天发生额 ··· 80
  3.7.3 本期发生额 ··· 81
  3.7.4 发生额平衡 ··· 81
 3.8 余额函数 ·· 82
  3.8.1 余额函数的定义 ··· 82
  3.8.2 余额函数的设置 ··· 83
  3.8.3 平衡关系 ··· 84

第4章 多核式记账曝光 ··· 86
 4.1 事业部会计 ·· 86
  4.1.1 集团公司的结构 ··· 86
  4.1.2 2+1实在型核守旧式扩展 ····································· 88
  4.1.3 1+2概念型核守旧式扩展 ····································· 89
 4.2 科目设置 ·· 90
  4.2.1 会计科目的设置 ··· 90
  4.2.2 配置核会计科目 ··· 90
  4.2.3 形式核会计科目 ··· 91
 4.3 3核守旧式扩展 ··· 92
  4.3.1 守旧式扩展的类型 ··· 92
  4.3.2 2+1核型账户式分录 ··· 93
  4.3.3 1+2核型账户式分录 ··· 95
 4.4 多核守旧式扩展 ·· 96
  4.4.1 多核型守旧式扩展的性质 ····································· 96
  4.4.2 2+2核型守旧式扩展的构成 ··································· 97
  4.4.3 2+2核型守旧式扩展的会计分录 ······························· 97
 4.5 微观创新会计 ·· 98
  4.5.1 微观创新的内容 ··· 98

            4.5.2 微观价值创新会计 …………………………………… 99
            4.5.3 微观数量创新会计 …………………………………… 99
            4.5.4 4核数量创新账户式分录 …………………………… 100
    4.6 宏观创新会计 ……………………………………………………… 101
            4.6.1 宏观创新会计记账原则 ……………………………… 101
            4.6.2 宏观价值创新会计 …………………………………… 101
            4.6.3 宏观数量创新会计 …………………………………… 102
    4.7 核式分类账 ………………………………………………………… 103
            4.7.1 核式分类账的含义 …………………………………… 103
            4.7.2 核式分类账的设置 …………………………………… 104
            4.7.3 2+1核式分类账 ……………………………………… 104
            4.7.4 1+2核式分类账 ……………………………………… 105
            4.7.5 4核数量创新式分类账 ……………………………… 107
    4.8 创新式余额 ………………………………………………………… 110
            4.8.1 创新式扩展余额函数的设置 ………………………… 110
            4.8.2 创新式扩展余额函数的计算 ………………………… 111
            4.8.3 创新式扩展余额函数的性质 ………………………… 111
            4.8.4 创新式扩展核式科目余额表 ………………………… 112

第5章 传统会计回顾 ……………………………………………………… 114
    5.1 从单式到双式 ……………………………………………………… 114
            5.1.1 无核单方记账阶段 …………………………………… 114
            5.1.2 单核双方记账阶段 …………………………………… 115
            5.1.3 单核双式记账阶段 …………………………………… 115
            5.1.4 双核双式记账阶段 …………………………………… 116
    5.2 从双核到多核 ……………………………………………………… 117
            5.2.1 述语的引入 …………………………………………… 117
            5.2.2 守旧式扩展 …………………………………………… 118
            5.2.3 创新式扩展 …………………………………………… 119

5.3 从微观到宏观 ··· 120
  5.3.1 从价值到物量 ·· 120
  5.3.2 从微观到宏观 ·· 121
  5.3.3 物量型扩展 ·· 122
5.4 二分法会计小结 ··· 124
  5.4.1 返璞归真 ·· 124
  5.4.2 定向因果逻辑 ·· 125
  5.4.3 主次关系 ·· 127

第6章 财务会计前瞻 ··· 128
6.1 在逆境中求发展 ··· 128
  6.1.1 优化财务会计的职能 ····································· 128
  6.1.2 学习电脑和编程 ··· 129
  6.1.3 同机器赛跑 ·· 130
  6.1.4 跨专业合作 ·· 131
6.2 管理会计无止境 ··· 131
  6.2.1 管理会计的现状 ··· 131
  6.2.2 管理会计的特点 ··· 132
  6.2.3 管理会计的前景 ··· 133
6.3 手工操作永传承 ··· 133
  6.3.1 财务会计前程无限 ·· 133
  6.3.2 会计原理一定要学 ·· 134
  6.3.3 手工操作大有作为 ·· 135
6.4 返璞归真合为上 ··· 136
  6.4.1 物竞天择 ·· 136
  6.4.2 适者生存 ·· 137
  6.4.3 合者为上 ·· 137

参考文献 ··· 139

第1章 传统会计解体

本章的主要目的是，划定财务会计与管理会计的界限，以便明确复式记账法的定义和内涵。只有这样，才能理顺扩展复式记账法问题的性质。

1.1 世纪难题

美国学者伊尻雄治教授提出的扩展复式记账法问题[1]，从20世纪50年代至21世纪初，经历近60年仍未解决，是名副其实的世纪难题。

1.1.1 难题要求

教授提出的世纪难题是关于复式记账如何逻辑地扩展为3核式乃至跨越3核式记账的问题。该难题具体要求有以下几点[1]。

1. 扩展性

扩展性要求在复式记账原来2度的基础上至少加入1度，扩展为3核式或跨越3核式记账。如果只是加入1度，那么在3核式记账制下肯定会成为第三度的那个度又将是什么？

2. 逻辑性

逻辑性要求所用的第三度必须是从复式记账现有的两个度合乎逻辑地推论而得。记账符号除了借、贷，第三度的记账符号又将是什么？

3. 完备性

完备性要求"旧制度要保留，新制度要完整"。一方面，扩展后的新制度必须把旧制度的一切保留下来；另一方面，加到旧制度上去的那些新度，必须与旧度共同构成新制度的一个完整部分。

1.1.2　两种表述

教授提出世纪难题之后，对世纪难题做了多重分类论和多重比率论两种表述。

1.1.2.1 多重分类论

多重分类论认为，复式记账原来两度资产与权益只不过是同一财富的两种分类，必然地，"资产＝权益"成立。从而对同一财富做出第三种分类以至第四种、第五种分类，形成 3 核式记账、4 核式记账以至 5 核式记账也非难事。

这样做，有其事实上的用处，但从理论角度来看就不那么引人入胜了。

1.1.2.2 多重比率论

多重比率论是运用导数和微分，参照运动学和牛顿力学，使它们应用于会计学。

1. 导数和微分

设 x 是时间 t 的函数，导数和微分的联系如下。

（1）微分符号。微分是把研究对象微细分割之意，先记住以下 3 个微分符号：

1）d 表示微分；

2）dx 表示函数 x 的微分；

3）dt 表示自变量 t 的微分。

注 1：在会计学中时间 t 微细分割至最小为 1 天，实际工作中是把时间 t 分割为月度、季度、半年或年度。月度、季度、半年或年度用 Δt 表示，单位为天。

（2）导数法则。导数是函数微分除以自变量微分之商，简称微商。利用微分符号可得出以下 4 个导数法则：

1）0 阶导数 = 函数 x；

2）1 阶导数 = $\dfrac{\mathrm{d}x}{\mathrm{d}t}$；

3）2 阶导数 = $\dfrac{\mathrm{d}}{\mathrm{d}t}\left(\dfrac{\mathrm{d}x}{\mathrm{d}t}\right) = \dfrac{\mathrm{d}^2 x}{\mathrm{d}t^2}$；

4）3 阶导数 = $\dfrac{\mathrm{d}}{\mathrm{d}t}\left(\dfrac{\mathrm{d}^2 x}{\mathrm{d}t^2}\right) = \dfrac{\mathrm{d}^3 x}{\mathrm{d}t^3}$。

注 2：不管求导数至哪一阶，该阶导数再对 t 求导数就是再升一阶的导数。

（3）微分法则。反过来我们也可以利用导数法则去得出微分法则，就是 n 阶微分等于 n 阶导数乘以自变量的微分（$n = 1$，2，…）：

1）1 阶微分 = $\dfrac{\mathrm{d}x}{\mathrm{d}t}dt$；

2）2 阶微分 = $\dfrac{\mathrm{d}^2 x}{\mathrm{d}t^2}dt$；

3）3 阶微分 = $\dfrac{\mathrm{d}^3 x}{\mathrm{d}t^3}dt$；

……

注 3：某阶微分，等于该阶导数乘以自变量的微分。在这种乘法中，要求导数是被乘数，在前面；自变量的微分是乘数，在后面，这叫微分形式不变。

2. 运动学和牛顿力学

运动学和牛顿力学的 3 度如下：

第一度：位移 = Δx；

第二度：速度 $v = \dfrac{\mathrm{d}x}{\mathrm{d}t}$；

第三度：加速度 $a = \dfrac{\mathrm{d}^2 x}{\mathrm{d}t^2}$。

3. 会计学

参照运动学和牛顿力学，将导数和微分应用于会计学。

第一度：会计收益 = Δx。

会计收益指经济实体在一定时期的经营成果。参照运动学和牛顿力学，计算公式如下：

$$\text{会计收益 } \Delta x = \text{一定时期收入} - \text{一定时期费用} \qquad (1-1a)$$

第二度：会计收益动量 = v。

会计收益动量指会计收益增长速度。参照运动学和牛顿力学，计算公式如下：

$$会计收益动量\ v = 会计收益增长速度 = \frac{本期会计收益 - 上期会计收益}{\Delta t} \quad (1-1b)$$

注4：因为会计收益动量指本期会计收益比上期会计收益增长的速度，所以式（1-1b）的分母 Δt 表示会计时期的长度（一般是月度、季度、半年或年度），单位为天。

第三度：会计收益加速度 = a。

会计收益加速度指会计收益动量增长的速度。参照运动学和牛顿力学，计算公式如下：

$$会计收益加速度\ a = 会计收益动量增长的速度 = \frac{本期会计收益动量 - 上期会计收益动量}{(\Delta t)^2} \quad (1-1c)$$

注5：因为会计收益加速度指本期会计收益动量比上期会计收益动量增长的速度，所以式（1-1c）的分母 = $(\Delta t)(\Delta t) = (\Delta t)^2$。

1.1.3 一半答案

教授对他提出的世纪难题有两种表述，觉得第一种表述多重分类论没有理论上的深度，于是选择了第二种表述即多重比率论来研究。经历了25年，连教授自己也说问题只解决了一半。究其原因，作者认为有以下几个方面。

1. 界定复式记账

任何科学都有个界限，任何难题都有个范围。比如说，一个班有3个同学喜爱数学，就在网上开一个群。结果因为大多数同学谈"数"色变，所以门可罗雀，知音者寡。

有见及此，他们只好吸收班上一些喜爱音乐、美术和书法的同学加入，结果成为班上最大的群组。后来这3个同学也逐渐喜爱音乐、美术和书法。

因此，他们虽然扩展了群组，但扩展的不是数学群。这个结果令人失望，因为背离了他们的本意。他们的本意是数学，却把数学边缘化了。

类似地，复式记账是传统会计的思想和方法，比率分析是计量经济学、管理会计学和数理会计学[9]的主要方法。把复式记账扩展至这3门科学，其结果只能是把复式记账本身边缘化。

再说，复式记账与这3门科学共冶一炉，也不是我们扩展复式记账的初衷。

2. 一半因果逻辑

教授在寻觅复式记账背后隐藏的二分法逻辑过程中，只发现了一半因果逻辑，因此认为扩展复式记账的目标也是完成了一半。

在复式记账分录中，度际（资产与权益之间）的分录与度内（资产或权益之内）的分录大概各占一半。

（1）度际分录。对于度际的分录，"资产 = 权益"是因为对同一财富做了两种分类，必然相等。"资产 = 权益"是数学恒等式，不是二分法逻辑。

（2）度内分录。对于度内的分录，资产内部两个科目的分录是借增加的资产科目和贷减少的资产科目；权益内部两个科目的分录是借减少的权益科目和贷增加的权益科目。

（3）增减逻辑。归纳起来，度际分录不是二分法逻辑；两种度内分录都是"增加 = 减少"，都是基于二分法逻辑，称为增减因果逻辑。

3. 事实上与理论上

对于多重分类论，教授说过，这样做"有其事实上的用处，但从理论角度来看就不那么引人入胜了"。

这是教授在世纪难题两种表述中选择多重比率论、舍易取难的原因。

作者认为：事实上与理论上的关系，事实上是客观存在，理论上是主观认识。两者互为因果、互相促进,轻视任何一个方面都是不对的。

4. 迎难进与知难退

教授花了25年时间致力于扩展复式记账的目标,25年来硕果累累,发表了很多论文。在科研战线上知难而进、身先士卒,勇往直前、冲锋陷阵,确实令人钦佩。

作者认为:勇者既要敢于知难而进,也要学会知难而退。有时冲得太快,会钻牛角尖。路越来越窄,就要及早回头。

1.1.4 另辟蹊径

知难而退,及早回头,是否就是舍弃扩展复式记账的目标?当然不是,只是另辟蹊径,另谋良策而已。怎样另辟蹊径,另谋良策?作者认为有以下3个步骤。

1. 界定复式记账的领域

复式记账是传统会计的精髓,它为资本主义经济的发展立下过汗马功劳。早在20世纪50年代,管理会计正式从传统会计独立出来,谁来代表传统会计?是财务会计。

那么复式记账应该归属管理会计还是财务会计?有少许会计知识的人都会回答:复式记账应该归属财务会计。

2. 重新启动多重分类

多重分类既然"有其事实上的用处",就应该被重新考虑。尽管度际的分录不是增减因果逻辑,但它却是定向因果逻辑;而度内的分录是"增加=减少",是增减因果逻辑。

此外,我们还可以用多核结构(关于核的概念,参看第2章)代替多重分类,用笛卡儿乘积空间构建双核会计空间[4],使古典的复式记账在科学现代化的今天再现光芒。

3. 采用两种扩展形式

一方面,我们按照教授"新制度要完整"的要求扩展复式记账;另一方面,我们跟上当代变革创新的潮流,摒弃"旧制度要保留"的要求扩展复式记账。

保留旧制度的扩展称为复式记账的守旧式扩展，摒弃旧制度的扩展称为复式记账的创新式扩展。

以上3个步骤将在本书以下章节详细讨论。

1.2 记账内容

企事业单位和社团为了经营、管理和服务，必须具备一定的财力（例如流动资产）、物力（例如固定资产）和技术（例如无形资产），这叫作资金。这些资金形成经济实体的经济实力。

1.2.1 记账的必要

经济实体为了对自身的经济业务进行事后分类记录，计算其财力、物力和技术及其所有权属的增减变化，必须记账。这里首先明确以下几个概念。

1．经济实体

经济实体是具备一定经济实力的企事业单位和社团。不从事经营、管理或服务的自然人就不是经济实体。

2．经济业务

经济业务是使经济实体的财力、物力和技术及其所有权属产生增减变化的业务。员工因小事吵架就不是经济业务。

3．事后记录

事后记录是时间上在经济业务发生之后进行记录。计划和预算就不是事后记录。

4．分类记录

分类记录可粗可细，最粗的分类是把资金分成财力、物力和技术3大类。实际工作中对财力、物力和技术3大类资金分别划分为较小的类，以及把资金按所有权属划分为较小的类，叫科目。单是记录一个资金总额或所有权属金额就不是分类记录。

1.2.2 记账的核心内容

记账是经济实体对其资金及其所有权属做出记录，分为入账、算账、报账、审账、用账 5 个内容。其中入账、算账、报账 3 个内容是记账的核心内容，审账和用账 2 个内容是记账的延伸内容。

记账的核心内容如下。

1. 入账

入账是经济实体的经济业务发生后，分析经济业务的合法合理性（有原始凭证），编制记账凭证，以及分析经济业务导致资金及其所有权属增减变化的科目及其金额，做出记录，即分录。

根据分录记入以科目命名的载体，叫账户；把纸质的账户订装成册，叫账簿；或把在电脑开设的账户装入文件夹内，叫电子账簿。

2. 算账

算账是每隔一个时期（一月、一季、半年或一年，称为会计时期）把记入各账户增加或减少的金额分别汇总合计，即会计。

各科目在会计时期开始时（月初、季初、半年初或年初）的金额叫期初余额，在会计时期终结时（月末、季末、半年末或年末）的金额叫期末余额。

令新成立经济实体各科目的期初余额为 0，在经济实体持续经营假定下，上个会计时期各科目的期末余额就是下个会计时期各科目的期初余额，则用以下公式计算各科目的期末余额（m 是科目代码）：

$$\text{科目}\,m\,\text{期末余额} = \text{科目}\,m\,\text{期初余额} + \text{科目}\,m\,\text{本期增加金额合计}$$
$$- \text{科目}\,m\,\text{本期减少金额合计} \qquad (1-2a)$$

把各科目期末余额记入各账户并结转下期，叫结账。

公式（1-2a）对每个科目成立，因此对全部科目合计也成立：

$$\text{各科目期末余额合计} = \text{各科目期初余额合计}$$
$$+ \text{各科目本期增加金额合计}$$
$$- \text{各科目本期减少金额合计} \qquad (1-2b)$$

3. 报账

报账是结账之后把有关科目的期末余额加工为有用数据,并用一定表格形式书面(或用电子邮件)上报投资者、债权人、主管单位和政府相关部门,即财务报表。

1.2.3　记账的延伸内容

1. 审账

审账是以财务报表为主体,以书面凭证和账簿记录为依据,从经济实体内部(叫内部审计)或外部(叫外部审计)审查经济实体入账、算账、报账的合法(会计法、公司法、税法)、合理(会计准则、会计原则)和合规(会计规章制度)。

2. 用账

用账是根据报账的资料进行分析对比,让数字说话,为今后经营管理规划、决策提供数字依据。

1.2.2 的 3 个记账核心内容及 1.2.3 的 2 个记账延伸内容,共同构成传统会计记账的 5 个内容。

1.2.4　传统会计的解体

20 世纪以来,随着科学技术的进步、生产的发展和会计管理职能(核算和监督)的壮大,传统会计对内管理的一部分管理职能逐渐分离出来。表现为传统会计 5 个记账内容中的 2 个延伸内容——审账和用账逐渐分离出来,成为新的会计学分支——管理会计;而剩下的 3 个记账核心内容——入账、算账、报账,及另一部分管理职能则改称财务会计。

因此,财务会计是传统会计的直系传承,管理会计与财务会计的区别与联系主要有以下 4 点。

1. 供应与使用

财务会计是管理会计部分信息的供应者;管理会计是财务会计部分信息的使用者。

2. 直接与间接

财务会计是传统会计记账的核心内容——入账、算账、报账的直接传承者；管理会计的部分信息来自传统会计记账的延伸内容——审账和用账，即内部审计和财务分析的间接传承者。

3. 整体与部分

财务会计核算对象是经济实体的整体资金——财力、物力和技术及其所有权属；管理会计是从事经济实体的部分资金，如购货、消耗和生产成本的控制。

4. 外部与内部

财务会计核算以日历时段为会计时期，以货币为主要计量单位，定期向外部利益关系机构或个人报告财务信息，又称外部会计。

管理会计以业务周期为管理时期，以实物单位为主要计量单位，不定期向内部管理人员报告管理信息，又称内部会计。

1.3　记账方法

记账方法的历史同时也是人类文明进步、生产发展的历史，先后有过单式记账法、复式记账法和电算会计。

1.3.1　单式记账法

会计的主要工作是记账，传统会计的记账方法有两大类：单式记账法和复式记账法。单式记账法是经济实体的经济业务发生后，只在部分账户的一个方面记账。主要特点如下：

1. 账户设置不完整

通常只设置"库存现金""钱庄存款""应收账款""应付账款"等少数账户，其他账户一般不设置。

2. 财富记录不全面

一般只对货币资金、债权债务记账，而对实物财富，如房屋、交通工具、物料用品等，不予记录。

3. 反映经济业务不完全

有关货币资金收付业务仅当同时引起债权债务增减变化时才在货币资金、实物财富两个方面记账。

其余经济业务仅在其发生增减变化的结果方面记账，而对导致其发生增减变化的原因方面，不予反映。

4. 经济业务的记录不具平衡关系

当有关货币资金收付业务同时引起债权债务增减变化时，虽在货币资金、实物财富两个方面记账，但其增减变化的金额往往不相等，不方便利用试算平衡发现和更正记账错误。

5. 因果逻辑不存在

单式记账法因果逻辑不存在，表现如下：

（1）增减因果逻辑不存在。当有关货币资金收付业务同时引起债权债务增减变化时，虽在货币资金、实物财富两个方面记账，但其金额往往不相等，致使增减因果逻辑不存在。

（2）定向因果逻辑不存在。在不完全的单式记账法中，只有实在型核，没有概念型核（关于核的概念，参看第 2 章）。资产与权益的对立统一不存在，从而定向因果逻辑不存在。

具有以上特点的单式记账法被称为不完全的单式记账法或半复式记账法。在人类历史上，随着国家和庄园的出现，官厅和庄园记账成为必要。曾有过五花八门的记账方法，基本上都是不完全的单式记账法。

1.3.2 复式记账法

1494 年，复式记账法出现，记账方法从技术性的簿记进化到既有理论又有实务的数学分支——簿记学（簿记学本来是数学分支，请看《拓扑会计学》[4]的序言）。500 多年来，各式各样会计学如雨后春笋，应运而生。诸如会计学基础、政府会计、银行会计、公司会计、工业会计、商业会计、服务业会计、储运业会计、保险业会计等，都离不开复式记账法的范畴。

复式记账法的最大贡献是建立完备的二分法逻辑，即在资产与权益两核中，会计分录分为核际分录、核内分录两类。

1. 核际分录

核际分录即在资产与权益两核之间一借一贷的分录。分为：

（1）借资产、贷权益分录。借资产、贷权益分录，表示权益增加导致资产增加，是定向因果逻辑。

（2）借权益、贷资产分录。借权益、贷资产分录，表示权益减少导致资产减少，也是定向因果逻辑。

2. 核内分录

核内分录即在资产或权益两核之内一增一减的分录。分为：

（1）资产核内分录。资产核内一增一减的分录，是增减因果逻辑。

（2）权益核内分录。权益核内一减一增的分录，也是增减因果逻辑。

复式记账法是经济实体经济业务发生后，都在至少两个账户不同方向（左方或右方）上分别记账。

不难发现，复式记账法这种对经济业务的描述在重点问题上与单式记账法决然对立，即：

（1）任何经济业务都记账而不是仅对部分经济业务记账；

（2）任何资产和权益都记账而不是仅对货币资金、债权债务记账；

（3）记账都记在至少两个账户上而不是仅记在一个账户上；

（4）记账都记在账户两个相反方向的其中一个方向上而不是永远记在同一方向上。

500多年来，复式记账法成为最好的记账方法，牢不可破。难道古典会计学的发展止于复式记账法，复式记账法已是十全十美的？不是。难道复式记账法加上会计自动化就是会计学的真正发展？绝对不是。

1.3.3 电算会计

电算会计主要为财务会计输入会计分录，打印记账凭证、日记账和分类账户，最后输出试算平衡表和财务报表；或对管理会计某些课题编制软件，利用电脑进行记录和计算以代替人工操作。

电算会计既不是财务会计，也不是管理会计，而是一门会计学与计算机科学相互结合的边缘科学。

不管是单式记账还是复式记账，不管是财务会计还是管理会计，电算会计都可以编制电脑程序，以电脑运行代替人手操作，以电脑记忆代替文字记录。

1.4　算账工具

算账工具关系会计工作的效率与准确，以及电子计算机会计软件的应用，是会计现代化的重要标志。

1.4.1　算珠和算盘

随着生产技术的发展，用于会计算账的工具也不断创新。人类用于算账的工具最先是算珠。古代算珠用木材或石头琢磨成扁圆珠状，中挖一孔，穿在绳上或竹条上，用以记数及计数。

这种用算珠代替人的手指记数及计数的方法，叫珠算。后来发展到把若干串算珠装在木架上，即算盘。算盘用于记数及计数，也叫珠算。

1.4.2　机械计算机

机械计算机包括早期的手摇计算机和后期的电动计算机。用机械计算机算账叫作机算，加、减、乘、除都可以用机算。

做法是先把被加、被减、被乘或被除的数摇在计算机上，在显示窗口内可看到；然后把加数、减数、乘数或除数也摇上，之后在显示窗口内可看到相应的和、差、积、商诸数。

手摇计算机要求动作熟练、使用快速。电动计算机也要动作熟练，但速度比手摇计算机快捷。会计使用机械计算机算账的时期很短，很多长期从事会计工作的会计人员未用过。

作者在科研中用过机械计算机，而且很熟练，但在会计工作中也从未用过，只是使用算盘。

在人类进入电子计算机时代之后，机械计算机很快就被摆入博物馆。

1.4.3 电子计算机

电子计算机包括计算器和电脑，两者的区别是前者没有编制电算程式的功能而后者有；前者可以方便携带甚至放在口袋里，后者较不方便携带，一般放在家里或单位的办公桌上。当前电子技术发达，计算器在手提电话或手表都有，非常方便。

电脑又分两类：笔记本和台式电脑。笔记本方便携带的程度介乎计算器和台式电脑之间。笔记本可放在手袋或背包内，便于带回学校上课用于笔记或带到图书馆复习。

1.5 二仆主体

记账主体是会计为之服务的经济实体，二仆主体是既有财务会计又有管理会计为之服务的经济实体。

本节列出二仆主体的各种表现，指出财务会计与管理会计在这些经济实体中分工与合作的内容。

1.5.1 二仆主体的概念

二仆主体是两个仆人服务于一个主体，是常见现象；一仆二主才会出现各种矛盾，演变成精彩闹剧。

会计中的二仆主体是既有财务会计又有管理会计为之服务的经济实体。

二仆主体是财务会计和管理会计之间关系的一个方面——伙伴关系。

1.5.2 二仆主体的形成

传统会计的解体，以战后科学发达、技术创新、生产发展和管理需要为历史背景；以1952年世界会计学会年会正式确认管理会计成为一门新兴的会计学分支为标志，传统会计正式解体。

传统会计正式解体之后，划分为财务会计和管理会计两个分支，其主要区别如下：

1. 不同功能

管理会计能够独当一面,自然有其与财务会计本质区别的地方。财务会计的主要功能是为经济实体的投资者、债权人、主管部门和政府机关提供财务信息,被称为外部会计。

管理会计的主要功能是适应经济实体管理层的需要,开展事前预测、决策和全面预算,事中控制、监督及检查,事后统计、分析和总结,被称为内部会计。

2. 服务对象

财务会计为了向外披露合法的、公认的和准确的财务信息,要遵守会计法规、准则和制度,以合法凭证为依据,进行入账、算账和报账。

管理会计则遵照经济实体管理层的规定和要求,在众多的管理会计课题中选择急需、有效和力所能及的课题,逐渐开展管理会计工作。

3. 工作要求

财务会计既然要为外界披露财务信息,就要依时、依规、准确地提供可比、可靠和可用的信息。

管理会计是为经济实体管理层服务的,故研究什么课题、何时上报管理报表及数据的精确度(例如万元以下四舍五入),都是管理层说了算。

1.5.3 二仆主体的种类

会计中的二仆主体五花八门,主要有以下几类。

1. 各种行业

随着生产的发展和社会分工的细化,以官厅会计和庄园会计为主的传统会计衍生为五花八门的行业会计,诸如政府会计、集团会计、工业会计、农业会计、商业会计、物流会计、服务业会计、银行会计、金融会计、保险会计、建筑会计、采掘业会计等。

在各种行业中,财务会计与管理会计并存。

2. 各种建制

随着生产的发展和生产关系的日益完善,企业建制如雨后春笋般出现,主要有独资企业会计、合资企业会计、联营企业会计、合伙会计、公司会计、集团公司会计、上市公司会计、跨国公司会计等。

在各种建制中,财务会计与管理会计并存。

3. 各种专题

会计服务于各种专题的经济实体,包括并购会计、币值变动会计、外币兑换会计等。

在这些经济实体中,财务会计采用特定的方法记账,管理会计采用特定的方法处理特定的课题。

1.6 分体的界定

为了寻找复式记账的二分法逻辑,我们必须界定财务会计与管理会计的范围。财务会计就是记账的3个核心内容,包括入账、算账、报账;而记账的2个延伸内容,即审账和用账,则属于管理会计的范畴。

1.6.1 管理会计课题不属于财务会计

记账的2个延伸内容,即审账和用账,分别属于管理会计的内部审计和财务指标分析的内容,因而不属于财务会计的内容。

管理会计采用的不是财务会计的记账方法,而仅是使用财务会计得出的信息。

因此,伊尻雄治教授提出的"预算=财富=资本"时间三式簿记加入的第三度"预算"属于管理会计的"全面预算"的内容。

另一个"财富=收益=动力"微分三式簿记加入的第三度"动力"也属于管理会计的"财务指标比率分析"的内容,均不是财务会计的内容。

1.6.2 其他使用财务会计信息的科学也不属于财务会计

除了管理会计之外,其他使用财务会计信息的科学也不属于财务会计,包括计量会计学、数理会计学、成本会计学与审计学。

1. 计量会计学

计量会计学除了介绍计量标准、手段和方法之外,其实是计量经济学的微观版,应属于计量经济学的分支,不属于财务会计。

2. 数理会计学

数理会计学提供财务指标分析的理论、技术和方法[9],与管理会计一样属于财务指标的使用者,不属于财务会计。

3. 成本会计学

成本会计本来是管理会计的课题之一,因为内容很多,所以作为会计学的一个分支,但不属于财务会计。

虽然财务会计也计算产品成本,但所计成本仅是本身记账的需要。原因很简单,财务会计时期与管理会计周期往往不一致;财务会计使用的权责发生制与管理会计使用的收付实现制也不一致。

4. 审计学

审计学是对财务会计记账工作的过程及其结果进行审查计算,它与财务会计工作无论从任务、性质或要求都有根本的区别。

1.6.3 介绍计算工具的科学也不属于财务会计

一些介绍或使用指定计算工具的科学,虽然也一样做入账、算账、报账工作,但它们仅是复式记账的手段,还是复式记账本身,也不属于财务会计。

1. 珠算会计

珠算是人类传统计算方法,不少掌柜和收银员至今还使用算盘。指定用算盘演练的会计学,叫作珠算会计。

2. 卡西欧会计

指定用卡西欧计算器演练的会计学,叫作卡西欧会计。

卡西欧计算器的功能除四则运算外,还有储存与读出,求单利和复利,求现值和终值,求预付、延期或永久年金,求和,求平均数和百分率等。

3. 电算会计

电算会计是使用各种会计软件,指定用平板电脑或台式电脑演练的会计学,包括这些软件的设计、使用方法和上机实习。

1.7 既分且合

传统会计解体后,大多数会计主体的财务会计与管理会计依然合作共事。从工作来说,财务会计自动化的结果是:技术含量越来越大,对会计人员素质要求越来越高。管理会计则随着竞争激烈,管理课题越来越深入,工作难度越来越大。在这种形势下,两者越来越需要互相扶持、通力合作,做到既分且合。

本节部分资料引自李天民的著作《管理会计学》[7]。

1.7.1 管理会计的形成

管理会计的思想早已在单式记账时期产生,单式记账目的在于监督和控制经济实体的经营管理。

在1952年管理会计面世前,出于经济实体加强管理的需要,在管理人员的思想中早已孕育着管理会计萌芽[7]。

1. 核心问题

18世纪,经济实体管理工作由资本家们自己进行,他们从实践中认识到管理的核心问题是如何获得最大利润。

2. 科学管理

19世纪初,美国学者泰勒把人们从长期实践得到的经验上升到理论,提出科学管理的思想。他重视研究车间工人的操作,然后科学安排工序、分工和时间,提高工作效率。

3. 职能管理

20世纪20年代,法国工程师创建了职能管理,着重从企业管理全局出发,指出经济实体的管理层应该各有职能、各司其职,并提出建立生产、销售、财会、人事、开发5大职能部门,从组织上开展科学管理。

4. 其他管理科学

其后各式各样管理科学承先启后、前赴后继地出现,包括行为科学、数量管理、系统管理、灵活管理等。

1.7.2 财务会计的演变

随着管理会计的形成，代表传统会计的财务会计也在演变。表现如下：

1．提供成本信息

财务会计为了准确、合理计算销售利润，必须对当期发生的费用按产品品种、批次、步骤或服务分摊。

有时分批成本或分步成本计算也以生产周期为计算时期，这些成本信息同时也是管理会计部门所需要的信息。

2．报送第三报表

财务会计把原来归属管理会计内部报表的财务状况变动表作为除资产负债表及损益表之外的第三报表，一起向外界报送。

3．报送补充资料

财务会计把主要产品实际成本与标准成本的对比资料，以及实际利润与目标利润的对比资料作为财务报表的补充资料一起对外报送。

1.7.3 两者联系与划分

财务会计与管理会计的联系与划分，主要看是否从事入账、算账和报账工作。

1．管理会计中的财务会计

在管理会计的某项工作中，如果主要从事入账、算账和报账，则应属管理会计中的财务会计。例如，为了加强职工队伍的管理，对职工人数结构建账，虽然记账工作由管理会计人员做，但性质上归属财务会计（参看4.7）。

2．财务会计中的管理会计

在财务会计中的某项工作，如果主要利用财务会计的信息进行加工、处理和利用，而不是从事入账、算账和报账工作，例如财务报表分析，则在性质上归属管理会计。

3．联合组织机构

在现代企业管理系统中，财务会计与管理会计联合组织成统一机构，该机构的领导者叫作总会计师或财务总监。总会计师或财务总监既统领管理会计工作,也统领财务会计工作。财务会计方面另设一个领导者,叫财务主任。

总会计师或财务总监主要统领管理会计部门,同时兼顾财务会计工作,而财务主任则主要统领财务会计工作,同时尽量配合管理会计方面的工作。

4. 领航员与船长

总会计师或财务总监直属公司的总经理,两者的关系是:前者相当于船舶的领航员,后者相当于船长。

第 2 章 拓扑会计登场

自 1494 年复式记账法面世，500 多年来，会计学没有令人满意的发展。美国学者伊尻雄治教授花了 25 年的时间研究扩展复式记账法，在 1982 年发表的研究报告上也承认问题只解决了一半（详细见《三式簿记和收益动量》[1]）。

与此同时，作者也开始研究复式记账法。2012 年开始，作者从另一角度研究复式记账法——用数学语言描述复式记账法，把复式记账法建立在双核拓扑会计空间上。在此基础上建立会计学的公理化系统，为扩展复式记账法铺平道路（详细见《拓扑会计学》[4]）。本章目的是对拓扑会计学进行简单介绍。

2.1 会计空间

在数学里，研究一个课题之前先指定一个论域，叫空间。空间是研究课题的场所，储存课题信息的地方。本节内容可参看《拓扑学与几何学基础讲义》[5]。

2.1.1 空间由点构成

数学描述的客体称为事物，事物包括数和非数事物。数学课题研究的事物，其载体称为空间。空间中不能没有事物，即空间必须是非空的。

把空间中的事物划分至最小，称为空间的点。通常用 x、y、z 等表示空间的点，X、Y、Z 等表示空间。

物质是无限可分的，什么叫作最小，既与事物的性质相关，又与物理、化学或数学课题的目的要求有关。

当数学课题研究的事物是数时，数的最小划分可以是整数、有理数、或实数。因为数为人们熟悉，所以又称数为具体事物或现实生活中的事物。以数为点的空间又称具体空间或现实空间。

当数学课题研究的事物非数时，这些事物不一定为人们熟悉，称为抽象事物。把抽象事物划分至最小的点，称为抽象点，用抽象点构成的空间称为抽象空间。

2.1.2 集合和集系

由空间 X 的部分点 x 组成的事物叫作集合，用 A、B、C 等表示。x 既称为集合的点，又称为集合的元素。

$x \in A$ 表示 x 是集合 A 的元素，读作 x 属于 A；$x \notin A$ 表示 x 不是集合 A 的元素，读作 x 不属于 A。

集合分为以下几种。

1. 空集

空间 X 的空集是不含 X 任何点的集合，记为 $\varnothing$。空集相对于空间 X 而言是空的，对于其他空间而言则未必是空的。

2. 有限集

有限集是含空间 X 有限个点 x_1，x_2，$\cdots$，x_n 的集合，记为 $\{x|x_1, x_2, \cdots, x_n\}$。

3. 可列无限集

可列无限集是含有空间 X 无限个点 x_1，x_2，$\cdots$，且它的点 x 可以逐个列出的集合，记为 $\{x|x_1, x_2, \cdots\}$。

4. 不可列无限集

不可列无限集是含有空间 X 无限个点，但它的点 x 不可逐个列出的集合，记为 $\{x|x \in f\}$，其中 f 是 x 的一个表达式，表示 x 的一个范围。

5. 集系

集系是以集合 A、B、C 等为元素的集合，即集合的集合，记为 ξ、ζ、η 等。组成集系的集合叫作元素，一般不宜叫作点。

2.1.3 集合的联系

空间与集合以及集合之间有以下联系。

1. 全集

空间 X 全部点的集合称为全集，也记为 X。

2. 子集

若集合 A 的元素必是集合 B 的元素，则称集合 A 是集合 B 的子集，记为 $A \subset B$。

3. 包含

若集合 B 的元素必是集合 A 的元素，则称集合 A 包含集合 B，记为 $A \supset B$。

4. 相等

若集合 $A \subset B$ 且集合 $A \supset B$，则称集合 A 等于集合 B，记为 $A = B$。

2.1.4 集合的运算

集合的运算有并、交、差、非等。

1. 并集

若集合 $A = \{x | x \in A\}$，$B = \{x | x \in B\}$，则集合 $\{x | x \in A \text{ 或 } x \in B\}$ 称为集合 A 与集合 B 的并集，记为 $A \cup B$。

2. 交集

若集合 $A = \{x | x \in A\}$，$B = \{x | x \in B\}$，则集合 $\{x | x \in A \text{ 且 } x \in B\}$ 称为集合 A 与集合 B 的交集，记为 $A \cap B$。

3. 差集

若集合 $A \supset B$，则集合 $\{x | x \in A \text{ 但 } x \notin B\}$ 称为集合 A 与集合 B 的差集，记为 $A \setminus B$。

4. 非集

全集 X 中不属于集合 A 的点的集合称为集合 A 的非集，记为 $\hat{A}$。

2.2 度量空间

上文说过，空间包括具体空间和抽象空间。以下具体空间以实数空间为例，抽象空间以会计空间为例，进行描述。

本节主要讨论实数空间的度数和维数,在一般情况下度数和维数相等。在实际工作中,度数和维数往往不相等。本节内容可参看书目[5]。

2.2.1 实数空间

当空间中的事物是数时,按照研究课题的不同目的要求把数划分至最小的点,构成整数空间、有理数空间和实数空间。

其中实数空间的点用直角坐标系表示,分为3个度数:长度(用横坐标的点 x 表示)、宽度(用纵坐标的点 y 表示)和高度(用竖坐标的点 z 表示)。这3个度数有如下几何意义。

1. 直线

x、y、z 三度坐标中每一度,即横坐标 x、纵坐标 y 或竖坐标 z。一般情况下都构成1维实数空间。1维实数空间记为 $\mathbf{R}^1$,图像是直线。

2. 平面

x、y、z 三度坐标中每两度,即坐标 (x, y)、(x, z) 或 (y, z)。一般情况下都构成2维实数空间。2维实数空间记为 $\mathbf{R}^2$,图像是平面。

3. 立体

x、y、z 三度坐标,即坐标 (x, y, z)。一般情况下构成3维实数空间。3维实数空间记为 $\mathbf{R}^3$,图像是立体,即现实空间。

1、2、3维实数空间是现实人类生存空间的数学描述,称为具体空间。长、宽、高三度称为具体度量或连续度量。

当空间中的事物是非数事物时,称为抽象空间,它的点也用 x、y、z 等表示。抽象空间的点是把空间中的抽象事物划分至最小的结果,例如会计空间。

会计空间是抽象空间,它由非数事物构成,不存在长、宽、高3个连续度量。但是,在下文可以看到,它有抽象度量,叫作离散度量。

2.2.2 自由变量

实数空间是具体空间,它有长度 x、宽度 y、高度 z 共3个度量。上段所说的 x、y、z、(x, y)、(x, z)、(y, z) 及 (x, y, z) 依次为1、2、

3 维实数空间，是在 x、y、z 均为自由变量条件下来说的。

自由变量的个数又叫自由度，空间中自由变量的个数叫作空间的维数。

自由变量是指在一组变量之间不存在独立方程。

所谓独立方程是指一组方程之间不能从其中一个方程经过同解变换变成另一个方程，独立方程个数又叫约束个数。从而得出以下公式：

$$自由变量个数 = 空间度数 - 独立方程个数 \quad (2-1a)$$

根据公式（2-1a），在没有约束的条件下，实数空间有以下 3 种维数。

1. 1 维实数空间 $\mathbf{R}^1$

1 维实数空间只有长度 1 个自由变量，在直角坐标系中有一元坐标（x）。在没有约束的条件下，图像是直线。

2. 2 维实数空间 $\mathbf{R}^2$

2 维实数空间有长度和宽度 2 个自由变量，在直角坐标系中有二元坐标（x, y）。在没有约束的条件下，图像是平面。

3. 3 维实数空间 $\mathbf{R}^3$

3 维实数空间有长度、宽度和高度 3 个自由变量，在直角坐标系中有三元坐标（x, y, z）。在没有约束的条件下，图像是现实空间。

2.2.3　空间维数

上文说过空间度数与空间维数是不同的概念，空间度数是指空间自由变量（又叫变元或元）的个数；空间维数是指空间的自由度。从而得出以下公式：

$$空间维数 = 空间度数 - 约束个数 \quad (2-1b)$$

上文说实数空间有长、宽、高三度，即有 x、y、z 三个自由变量。一般情况下构成 3 维实数空间，是在 x、y、z 都是自由变量（没有约束）条件下说的,因此维数=度数。但若空间的自由变量受到约束,则维数用公式(2-1b)计算。

设 $a\neq 0$,$b\neq 0$,$c\neq 0$ 及 d 是常数,举例如下:

1. 0 维空间

在 1 度空间中,有 1 个自由变量 x。若约束数为 0,则空间维数 = 1 - 0 = 1,图像是直线;若有 1 个约束方程 $ax+b=0$,则空间维数 = 1 - 1 = 0,图像是 x 轴上的点:

$$x = -\frac{b}{a} \qquad (2-1c)$$

2. 1 维空间

在 2 度空间中,有 2 个自由变量 x,y。若约束数为 0,则空间维数 = 2 - 0 = 2,图像是平面;若有 1 个约束方程 $ax+by+c=0$,则空间维数 = 2 - 1 = 1,图像是 xOy 平面上的直线。

3. 2 维空间

在 3 度空间中,有 3 个自由变量 x,y,z。若约束数为 0,则空间维数 = 3 - 0 = 3,图像是现实空间;若有 1 个约束方程 $ax+by+cz+d=0$,则空间维数 = 3 - 1 = 2,图像是空间直角坐标系上的平面(空间平面)。

2.3 离散度量

会计空间是抽象空间,它没有具体空间的长度、宽度和高度。但是会计空间可以引入另一种度量,叫离散度量。本节内容可参看书目[5]。

2.3.1 欧氏距离

在度量空间中,度量的基础是两点距离,要知道两点距离就要用尺去量,因此叫作度量。度量包括具体度量和离散度量。具体度量以实数空间为例,离散度量以会计空间为例。

实数空间的度量即现实生活中的长度、宽度和高度,是一种欧几里得度量（简称欧氏度量）。欧氏度量的基础是两点距离，叫欧氏距离，记为 d。定义如下：

1. 直线上两点的距离

定义 1：直线上两点 x_1，x_2 的距离 d 是二元非负函数：

$$d(x_1, x_2) = \sqrt{(x_2 - x_1)^2} \qquad (2-2a)$$

2. 平面上两点的距离

定义 2：平面上两点 (x_1, y_1) 与 (x_2, y_2) 的距离 d 是四元非负函数：

$$d(x_1, x_2, y_1, y_2) = \sqrt{(x_2 - x_1)^2 + (y_2 - y_1)^2} \qquad (2-2b)$$

3. 空间上两点的距离

定义 3：空间上两点 (x_1, y_1, z_1) 与 (x_2, y_2, z_2) 的距离 d 是六元非负函数：

$$d(x_1, x_2, y_1, y_2, z_1, z_2) = \sqrt{(x_2 - x_1)^2 + (y_2 - y_1)^2 + (z_2 - z_1)^2}$$
$$(2-2c)$$

2.3.2 度量公理

会计空间是抽象空间，它没有具体空间的长度、宽度和高度。要在会计空间引入度量，就要从总结欧氏距离的性质入手。

人们归纳出欧氏距离有 3 个性质。

1. 正定性

（1）任意两点 A、B 的距离是非负数；

（2）任意两点 A、B 的距离为零的充分必要条件是 A、B 两点重合。

2. 对称性

对称性即任意两点 A、B 的距离等于 B、A 的距离。

3. 三角不等式

三角不等式即任意三点组成的三角形均满足：三角形两边长度之和不小于第三边。

进一步地，人们把欧氏距离的 3 个性质作为欧氏度量的 3 个公理，使后人可以用来引入更多的欧氏度量。

当一个抽象空间引入某种距离 d 之后，若 d 满足欧氏距离的 3 个公理，则可称 d 为欧氏度量，称该空间为度量空间。

由实践、认识、总结和归纳得出一类系统的基本性质，然后把它们作为公理再推广到这类系统中去，这类系统叫作公理化系统。

2.3.3　离散度量的定义

会计空间是抽象空间，它没有长、宽、高三度。但只要找到一种"距离"，满足欧氏距离的 3 个公理，便可得到会计空间的欧氏度量。这种度量称为离散度量。离散度量定义如下：

定义 4：设 x_1、x_2 是抽象空间 X 中任意两点，若二元函数 $d(x_1, x_2)$ 满足

（1）当 $x_1 \neq x_2$ 时，$d(x_1, x_2) = 1$；

（2）当 $x_1 = x_2$ 时，$d(x_1, x_2) = 0$。

则称 d 是空间 X 中的离散度量，(X, d) 称为离散度量空间。

2.3.4　离散度量的性质

离散度量具有欧氏度量的 3 个性质。设 x_1，x_2，x_3 均为抽象空间 X 的点，离散度量的 3 个性质的证明如下：

性质 1：正定性。$d(x_1, x_2) \geq 0$。

证：①由定义 4 的（1）、（2）可知 $d(x_1, x_2) \geq 0$。

②由定义 4 的（2）可知 $d(x_1, x_2) = 0$ 当且仅当 $x_1 = x_2$。

性质 2：对称性。$d(x_1, x_2) = d(x_2, x_1)$。

证：由定义 4 的（1），若 $x_1 \neq x_2$，则 $d(x_1, x_2) = 1$ 及 $d(x_2, x_1) = 1$，从而 $d(x_1, x_2) = 1 = d(x_2, x_1)$。

性质 3：设 x_1，x_2，x_3 是任意三点，则三角不等式：$d(x_1, x_3) \leq d(x_1, x_2) + d(x_2, x_3)$ 成立。

证：①由定义 4 的（2）可知，当 x_1，x_2，x_3 两两相合时，有 $d(x_1, x_3) = 0$，$d(x_1, x_2) = 0$，$d(x_2, x_3) = 0$，从而 $d(x_1, x_3) = d(x_1, x_2) = d(x_2, x_3) = 0$。

②由定义 4 的（1），当 x_1，x_2，x_3 两两相离时，有 $d(x_1, x_3) = 1$，$d(x_1, x_2) = 1$，$d(x_2, x_3) = 1$，从而 $d(x_1, x_3) = 1 < 1 + 1 = d(x_1, x_2) + d(x_2, x_3)$。

由①和②可知，三角不等式 $d(x_1, x_3) \leq d(x_1, x_2) + d(x_2, x_3)$ 成立。

2.4　双核空间

把一个空间的事物按一套原则和方法划分为最小而成点，如果这些点充满这个空间，叫作该空间的核。

具体空间以实数空间为例；抽象空间以会计空间为例。

2.4.1　空间的核

把空间的事物按一套原则和方法划分为最小而成点，如果这些点充满这个空间，那么这套原则和方法的总和叫作该空间的核。空间的核分为实数空间和会计空间来讨论。

1. 实数空间的核

实数空间是具体空间，划分实数空间的具体事物为最小可以有三套不同的原则和方法，却只有一套原则和方法形成实数空间的核。

（1）整数系。以整数把实数空间划分成最小，得出的点构成整数系。但整数系的点不充满实数空间（因为还有有理数），不形成实数空间的核。

（2）有理数系。以有理数把实数空间划分成最小，得出的点构成有理数系。但有理数系的点不充满实数空间（因为还有无理数），不形成实数空间的核。

(3) 实数系。以实数把实数空间划分成最小，得出的点构成实数系。因为实数系的点充满实数空间，所以形成实数空间的核。

只有第三套划分方法结果才是核，因为它划分所得的点充满实数空间；其他两套划分方法结果均不是核，因为它们所得的点不充满实数空间。

2. 会计空间的核

会计空间是抽象空间，会计空间的抽象事物是经济实体的资金。把资金按一套原则和方法划分为最小而成点，如果这些点充满会计空间，那么这些原则和方法的总和叫作会计空间的核。

会计空间和会计空间的核是不同的概念。虽然核的全部点就是会计空间的全部点，从这个意义上说核与空间重合，但两者含义不尽相同。

（1）虚和实。核是划分资金为最小而成点的原则和方法的总和，指的不是资金本身，是虚的；会计空间划分资金为最小而成点，再由点组成会计空间，是实的。

（2）多与一。划分经济实体的资金为点的原则和方法可以有多套，而每个经济实体会计空间只有一个。

（3）有与无。把经济实体的资金按实际存在形态划分为最小而成点，得出实在型核的资产核；把经济实体的资金按所有权属划分为最小而成点，得出概念型核的权益核。

实在型核与概念型核的点具有对立统一关系，形成定向因果逻辑；会计空间的点既无对立统一关系，也无定向因果逻辑。

2.4.2 双核的形成

看过实数空间划分的结果后，再看对会计空间的资金如何按两套不同的原则和方法做双重分类，得出实在型核的资产核和概念型核的权益核的过程。

1. 第一套原则和方法

第一套原则和方法的原则是按经济实体资金的使用形态将空间划分为点；方法是合理划分。

所谓合理划分，例如：

（1）整体性。房屋不宜划分为片砖只瓦。

（2）可用性。汽车不宜划分为零件部件。

（3）必要性。现金没必要划分为 10 元币、20 元币、50 元币、100 元币等（银行除外）。

划分结果构成资产核。

2．第二套原则和方法

第二套原则和方法的原则是按经济实体资金的所有权属将空间划分为点；方法是按权属主体划分。

所谓权属主体，例如：

（1）股份制公司。按普通股、优先股、认股权、应付股利等将空间划分为点。

（2）有限公司。按股东甲、股东乙、留存收益、未分配利润等将空间划分为点。

（3）债主。按职工名、股东名、公司名、银行名、税费名等将空间划分为点。

划分结果构成权益核。

2.4.3　科目序偶

把资产核和权益核的点分别分类，大类叫会计要素，小类叫会计科目。资产核和权益核的会计科目分别组成会计科目系，依次用 A 和 B 表示。

这两个会计科目系的科目按先后顺序放在圆括号内，叫科目序偶。科目序偶分为 4 个类型，分别得出 5 项记账规则。

1．（A，A）型科目序偶记账规则

（A，A）型科目序偶记账规则是：资产核会计科目内部增减，借增加的资产核会计科目、贷减少的资产核会计科目。

2．（B，B）型科目序偶记账规则

（B，B）型科目序偶记账规则是：权益核会计科目内部减增，借减少的权益核会计科目、贷增加的权益核会计科目。

3．（A，B）型科目序偶记账规则

（A，B）型科目序偶记账规则是：资产核会计科目与权益核会计科目同增，借资产核会计科目、贷权益核会计科目。

4．（B，A）型科目序偶记账规则

（B，A）型科目序偶记账规则是：权益核会计科目与资产核会计科目同减，借权益核会计科目、贷资产核会计科目。

其中记账规则 1 和 2 是增减因果逻辑，记账规则 3 和 4 是定向因果逻辑。

5．避免逻辑误区

不是会计科目系 A、B 中任两个会计科目组成的科目序偶都是符合逻辑常理的，例如：

（1）资产核会计科目增加而权益核会计科目减少；

（2）资产核会计科目减少而权益核会计科目增加。

以上 2 种情况违背逻辑常理，我们称为逻辑误区。

因此，除上述 4 项记账规则外，我们再加上第 5 项记账规则：避免逻辑误区。

2.5 会计方程

由于两核是同一资金相重分类，即：资金＝资产、资金＝权益，从而得会计方程：资产＝权益。

会计方程有两种：静态方程与动态方程。构成会计方程的项是会计要素。

2.5.1 会计要素

上面提到，资产核和权益核的点分别分类，小类叫会计科目，大类叫会计要素。也就是说，会计要素是一类同一性质的会计科目。

经济实体创立时，资产＝权益。当经济实体开始生产、经营或服务之后，一些资产变成费用。于是资产核的点分为两大类：资产和费用。费用又得到补偿,叫作收入。收入超过费用部分,叫作利润。

与此同时,经济实体开始生产、经营或服务之后,作为所有权属的权益核的点也分离为负债和资本。

以上资产、费用、负债、资本、收入和利润均称为会计要素,共 6 个会计要素。其中资产、费用 2 个会计要素归属资产核;负债、资本、收入和利润 4 个会计要素归属权益核。

2.5.2 静态方程

静态方程是经济实体在一定时间(通常是月末、季末、半年末和年末)资金的使用形态与权益的归属情况,形成会计方程:

$$资产 = 权益 \qquad (2-3a)$$

或把权益分为负债和资本,方程(2-3a)变成:

$$资产 = 负债 + 资本 \qquad (2-3b)$$

方程(2-3a)和方程(2-3b)均是静态会计方程。

2.5.3 动态方程

动态方程反映经济实体在持续经营条件下一定时期(通常是月份、季度、半年度和年度)内每时每刻资产和权益的增减变化,是以时间 t 为自变量、会计要素为因变量的时点方程。

以时间 t 为自变量,动态方程以资产、费用、负债、资本和收入 5 个会计要素为因变量;再以这 5 个会计要素为项形成时点方程。其中资产和费用属资产核会计要素,负债、资本和收入属权益核会计要素。

以时间 t 为自变量、上述 5 个会计要素为因变量形成如下的动态方程:

$$资产 + 费用 = 负债 + 资本 + 收入 \qquad (2-4a)$$

方程(2-4a)叫作会计方程的完全形式。

加上第 6 个会计要素利润之后,便有:

$$收入 - 费用 = 利润 \quad (2-4b)$$

方程 (2-4b) 叫作会计方程的补充形式。

方程 (2-4a) 和 (2-4b) 均是动态会计方程。

2.6 拓扑空间

本节目的,是引入双核会计空间和拓扑会计空间的定义。为免重复,本节用 Z 表示资产核全集 X 或权益核全集 Y,用 H 表示会计空间。

2.6.1 会计空间的度与维

因为传统会计的会计方程是资产=权益,所以资产和权益是传统会计的 2 个自由变量。但因为资产和权益之间有 1 个独立方程存在,即资产=权益,所以根据公式 (2-1b),会计空间的维数是 $2-1=1$。

其实会计空间总是 1 维的,维数的计算公式见 (2-1b)。具体情况如下:

1. 传统会计阶段

在传统会计阶段中,复式记账有 2 个自由变量,即 x = 资产,y = 权益,但有 1 个独立方程,即 $x = y$,因而会计空间的维数是 $2-1=1$。

2. 时间三式簿记

在预算=财富=资本的时间三式簿记中,有 3 个自由变量,即 x = 预算,y = 财富,z = 资本,但有 2 个独立方程,即 $x = y$ 和 $y = z$,因而会计空间的维数是 $3-2=1$。

3. 微分三式簿记

在财富=收益=动力的微分三式簿记中,也有 3 个自由变量,即 x = 财富,y = 收益,z = 动力,但有 2 个独立方程,即 $x = y$ 和 $y = z$,因而会计空间的维数也是 $3-2=1$。

以上最后两种情况参看书目[1]。

2.6.2 乘积空间

两个抽象空间可以相乘,也可以分别自乘。它们的乘积也是抽象空间,叫作笛卡儿乘积空间。

定义1:空间 X 与 Y 的笛卡儿乘积空间: $X \times Y = \{(x, y) \mid x \in X, y \in Y\}$。

定义2:空间 Y 与 X 的笛卡儿乘积空间: $Y \times X = \{(y, x) \mid y \in Y, x \in X\}$。

定义3:空间 X 的笛卡儿平方空间: $X^2 = \{(x_1, x_2) \mid x_1 \in X, x_2 \in X\}$。

定义4:空间 Y 的笛卡儿平方空间: $Y^2 = \{(y_1, y_2) \mid y_1 \in Y, y_2 \in Y\}$。

值得注意的是,笛卡儿乘积不具交换律,即 $X \times Y = Y \times X$ 不一定成立。

2.6.3 拓扑结构

若用 Z 代表资产核 X 或权益核 Y,则有以下定义。

1. 拓扑结构的定义

定义5:设 Z 是非空集合,若由 Z 的子集组成的集系 η 满足以下3个条件:

(1)空集 $\varnothing$ 和全集 Z 在 η 中;

(2) η 中有限个集合的并集仍在 η 中;

(3) η 中任意个集合的交集仍在 η 中。

则称 η 为 Z 中的拓扑结构。

2. 拓扑空间的定义

定义6:设 η 为 Z 中的拓扑结构,则 (Z, η) 称为拓扑空间。

3. 双核会计空间

定义7:设资产核 X 与权益核 Y 为会计空间 H 的双核,则笛卡儿乘积空间 $H = X \times Y$ 称为双核会计空间。

4. 拓扑会计空间

定义8:设资产核 X 与权益核 Y 分别有拓扑结构 ξ 与 ζ, $X \times Y$ 是 X 与 Y 的笛卡儿乘积空间, $\xi \times \zeta$ 是 ξ 与 ζ 的笛卡儿乘积空间,则笛卡儿乘积空间 $H = (X \times Y, \xi \times \zeta)$ 称为拓扑会计空间。

2.7 拓扑映射

拓扑空间之间的函数关系称为映射，定义域称为原像空间，值域称为映像空间。由于实数空间是拓扑空间，而时间空间和金额空间都是实数空间，故由时间空间到拓扑会计空间的映射是拓扑映射，由拓扑会计空间到金额空间的映射也是拓扑映射。

2.7.1 会计空间的两个具体度量

会计空间是抽象空间，它没有具体度量长度、宽度和高度。但在会计空间的拓扑映射中，却有两个实数空间参与其中：时间空间和金额空间。时间空间记为 T，它的点是时间 t；金额空间记为 J，它的点是金额 j。

会计信息流的拓扑映射由实数空间开始，终结于实数空间，是实数空间到自身的拓扑映射。前者，实数空间是时间空间 T；后者，实数空间是金额空间 J。

但会计信息流的拓扑映射不是直接由 T 到 J，而是中间经过增量映射、发生额映射和余额映射 3 个拓扑映射。

会计信息流从时间空间 T 流入会计信息系统，中间经过上述 3 个拓扑映射，最后流出会计信息系统，流入金额空间 J。

因此，除了离散度量，会计空间信息流还有 2 个连续度量，它们是时间度量和金额度量。

1. 时间度量

时间是现实空间中除长度、宽度和高度之外的第四度，合称时空四面体。在现实空间中会计把时间空间分成大致相等的段落，进行反映和监督，叫会计分期。

（1）会计时期的划分。会计分期的结果叫会计时期，会计时期通常是月份、季度、半年度、年度等。

（2）会计时期的长度。会计时期的长度用 N 表示，单位为天。设会计时期的开始时间为 0，叫期初（$t=0$）；结束时间为 N，叫期末（$t=N$）。

由此，会计时期用区间（0，N）表示。会计函数在时间空间 T 上定义，定义域（原像）为区间（0，N）。

2. 金额度量

金额是会计函数的值域（映像）。在会计学中，我们可以说金额是现实空间的第五度，它承接会计信息系统的输出。

我们称带有计量单位的实数空间为实量空间，时间空间和金额空间都是实量空间。

（1）实量时间空间。实量时间空间是有了计量单位（天）的实数空间。

（2）实量金额空间。实量金额空间是有了计量单位（元）的实数空间。

时间和金额实际上是会计函数从实数空间到实数空间自身的拓扑映射的两端。

2.7.2 复合映射

会计函数的映射不是直接从时间空间到金额空间的映射，而是有 3 个中间变量的复合映射（复合函数）。这个复合映射是：

（1）在资产核 X 和权益核 Y 的笛卡儿乘积空间 $X \times Y$ 上定义；

（2）定义域（原像）是会计科目系拓扑结构 ξ 和 ζ 的笛卡儿乘积空间 $\xi \times \zeta$；

（3）中间经过增量映射、发生额映射和余额映射 3 个拓扑映射；

（4）值域（映像）是金额空间 J。

2.7.3 会计空间的 3 个拓扑映射

在会计空间中有 3 个拓扑映射：增量映射、发生额映射和余额映射。这些映射构成会计信息流的核心部分。

1. 增量映射

增量映射是经济实体在时间 $t \in (0, N)$ 发生经济业务的记录，它启动会计信息流，实现从科目序偶到金额空间的信息传送。设 m 是会计科目编码，按每个会计科目 m 设置增量映射，记为 $F_m(t)$。

增量映射分为：

(1) 正增量映射（$F_m(t) > 0$），记为 $F_m^+(t)$；

(2) 负增量映射（$F_m(t) < 0$），记为 $F_m^-(t)$。

2. 发生额映射

发生额映射分为 1 天发生额映射、时段发生额映射和本期发生额映射，均按每个会计科目 m 设置。

(1) 1 天发生额映射。1 天发生额映射是 1 天内增量之和，即 1 天中所做会计分录的汇总金额。会计做分录的密度最密为 1 天，个别会计科目密度最疏为 1 个会计时期 N 天。

在 1 天中，经济实体可能发生多次经济业务，但我们假定会计只是在这天越过 24 时的瞬间汇总做 1 次记录。

1 天发生额映射分为 1 天增加发生额映射 $F_m^+(t)$ 和 1 天减少发生额映射 $F_m^-(t)$。

(2) 时段发生额映射。设 $(0, N)$ 是会计时期，$t \in (0, N)$。时段发生额映射是会计科目 m 在时段 $(0, t)$ 内增量之和，记为 $F_m(0, t)$。

时段发生额映射分为时段增加发生额映射 $F_m^+(0, t)$ 和时段减少发生额映射 $F_m^-(0, t)$。

(3) 本期发生额映射。设 $(0, N)$ 是会计时期，$t \in (0, N)$。本期发生额映射是会计科目 m 在时期 $(0, N)$ 内增量之和，记为 $F_m(0, N)$。

本期发生额映射分为本期增加发生额映射 $F_m^+(0, N)$ 和本期减少发生额映射 $F_m^-(0, N)$。

综合 1 天发生额映射、时段发生额映射和本期发生额映射，有以下 6 种发生额映射：

(1) 会计科目 m 在时间 $t \in (0, N)$ 内 1 天增加发生额映射，记为 $F_m^+(t)$；

(2) 会计科目 m 在时间 $t \in (0, N)$ 内 1 天减少发生额映射，记为 $F_m^-(t)$；

(3) 会计科目 m 在时段 $(0, t)$ 内增加发生额映射合计，叫作时段增加发生额，记为 $F_m^+(0, t)$；

(4) 会计科目 m 在时段 $(0, t)$ 内减少发生额映射合计，叫作时段减少发生额，记为 $F_m^-(0, t)$；

(5) 会计科目 m 在会计时期 $(0, N)$ 内增加发生额映射合计，叫作本期增加发生额，记为 $F_m^+(0, N)$；

(6) 会计科目 m 在会计时期 $(0, N)$ 内减少发生额映射合计，叫作本期减少发生额，记为 $F_m^-(0, N)$。

3．余额映射的设置

余额映射按每个会计科目 m 设置，记为 $f_m(t)$。具体分为：

(1) 期初 $(t=0)$ 余额映射，记为 $f_m(0)$；

(2) 期中 $[t \in (0, t)]$ 余额映射，记为 $f_m(t)$；

(3) 期末 $(t=N)$ 余额映射，记为 $f_m(N)$。

4．余额映射的计算

余额映射按每个会计科目 m 计算，具体分为：

(1) 期初余额映射。期初余额映射 $f_m(0)$ 就是上个会计时期的期末余额映射。当企事业单位为新办，期初余额置 0；当企事业单位为持续经营中，期初余额映射等于上期的期末余额映射（见期末余额映射）。

(2) 期中余额映射。期中余额映射 $f_m(t)$ 在 $t \in (0, N)$ 的任何点 t 均有定义，是一个阶梯形跳跃函数。这个跳跃函数的图像是阶梯，梯级特征是：梯级时升时降、级差有大有小、级阶有宽有窄、级数有多有少（余额映射图像参看书目[4]）。

1）梯级时升时降。

当在 t 处净增量为正，梯级升；当在 t 处净增量为负，梯级降。

2）级差有大有小。

当在 t 处净增量绝对值较大，级差较大；当在 t 处净增量绝对值较小，级差较小。

3）级阶有宽有窄。

级阶最宽为 N，整个会计时期 N 天；最窄为 1，只有 1 天。

4)级数有多有少。

当级阶宽为 N 时,级数最少,只有 1 级;当级阶宽为 1 时,级数最多,共有 N 级。

(3) 期末余额映射。

设 $(0, N)$ 是会计时期,$t \in (0, N)$;$f_m(N)$ 和 $f_m(0)$ 分别是会计科目 m 的期末余额和期初余额;$F_m^+(0,N)$ 和 $F_m^-(0,N)$ 分别是会计科目 m 的本期增加发生额和本期减少发生额,则期末余额映射按每个会计科目 m 设置,计算公式如下:

期末余额 = 期初余额 + 本期增加发生额 - 本期减少发生额。

符号公式是:

$$f_m(N) = f_m(0) + F_m^+(0, N) - F_m^-(0, N) \qquad (2-5)$$

公式 (2-5) 具体可分为资产核会计科目期末余额和权益核会计科目期末余额。

1) 资产核会计科目期末余额。

设 i 是资产核会计科目编码,$f_i^+(N)$ 和 $f_i^+(0)$ 分别是会计科目 i(i 取 $1 \sim I$,下同)的期末余额和期初余额;$F_m^+(0, N)$ 和 $F_m^-(0, N)$ 分别是资产核会计科目 i 的本期增加发生额和本期减少发生额,则计算公式如下:

资产核会计科目期末余额合计(借) = 资产核会计科目期初余额合计(借) + 资产核会计科目本期借方发生额合计 - 资产核会计科目本期贷方发生额合计。

符号公式是:

$$\sum_{i=1}^{I} f_i^+(N) = \sum_{i=1}^{I} f_i^+(0) + \sum_{i=1}^{I} f_i^+(0, N) - \sum_{i=1}^{I} f_i^-(0, N) \qquad (2-5a)$$

其中,$\sum_{i=1}^{I} f_i^+(N)$、$\sum_{i=1}^{I} f_i^+(0)$、$\sum_{i=1}^{I} f_i^+(0,N)$ 及 $\sum_{i=1}^{I} f_i^-(0,N)$ 表示资产核会计科目期末余额、期初余额、本期借方发生额及本期贷方发生额分别从科目编码 i 为 $1 \sim I$ 求和。

2）权益核会计科目期末余额。

设 j 是权益核会计科目编码，$f_j^-(N)$ 和 $f_j^-(0)$ 分别是权益核会计科目 j（j 取 $1\sim J$，下同）的期末余额和期初余额；$F_j^-(0,N)$ 和 $F_j^+(0,N)$ 分别是权益核会计科目 j 的本期减少发生额和本期增加发生额合计，则计算公式如下：

权益核会计科目 j 期末余额合计（贷）= 权益核会计科目 j 期初余额合计（贷）+ 权益核会计科目 j 本期贷方发生额合计 - 权益核会计科目 j 本期借方发生额合计。

符号公式是：

$$\sum_{j=1}^{J} f_j^-(N) = \sum_{j=1}^{J} f_j^-(0) + \sum_{j=1}^{J} f_j^-(0,N) - \sum_{j=1}^{J} f_j^+(0,N) \quad (2-5b)$$

其中，$\sum_{j=1}^{J} f_j^-(N)$、$\sum_{j=1}^{J} f_j^-(0)$、$\sum_{j=1}^{J} f_j^-(0,N)$ 及 $\sum_{j=1}^{J} f_j^+(0,N)$ 表示权益核会计科目期末余额、期初余额、本期贷方发生额及本期借方发生额分别从科目编码 j 为 $1\sim J$ 求和。

2.8 期末结账

在本章中我们介绍了会计信息流的主动脉——余额函数。它由会计分录输入到会计信息系统，并利用账户处理和分流，进入余额拓扑映射。

本节承接上文，经过余额拓扑映射的汇集加工，最后余额函数输出到结账工作底表。

2.8.1 余额平衡关系

由（2-5a）和（2-5b）得资产核会计科目借方期末余额合计 - 权益核会计科目贷方期末余额合计 =（资产核会计科目借方期初余额合计 - 权益核会计科目贷方期初余额合计）+［（本期资产核借方发生额合计 + 本期权益核借方发生额合计）-（本期资产核贷方发生额合计 + 本期权益

核贷方发生额合计)]。符号公式是：

$$\left[\sum_{i=1}^{I} f_i^-(N) - \sum_{j=1}^{J} f_j^-(N)\right] = \left[\sum_{i=1}^{I} f_i^+(0) - \sum_{j=1}^{J} f_j^-(0)\right] +$$
$$\left[\sum_{i=1}^{I} f_i^+(0,N) + \sum_{j=1}^{J} f_j^+(N)\right] -$$
$$\left[\sum_{i=1}^{I} f_i^-(0,N) + \sum_{j=1}^{I} f_j^-(0,N)\right]$$

$$(2-6)$$

注1：令式（2-6）左边为① = 资产核会计科目借方期末余额合计 - 权益核会计科目贷方期末余额合计。

注2：令式（2-6）右边第二项为② = 全部会计科目借方发生额合计 - 全部会计科目贷方发生额合计。因为整个会计时期$(0,N)$的发生额均来自会计分录，而每个分录都是"有借必有贷，借贷必相等"，所以② = 0。

注3：令式（2-6）右边第一项为③ = 资产核会计科目借方期初余额合计 - 权益核会计科目贷方期初余额合计。因为假定期初余额借贷平衡，所以③ = 0。

注4：若②和③成立，即在期初余额借贷平衡和本期发生额借贷平衡条件下，则期末余额也借贷平衡，即资产核会计科目借方期末余额合计 - 权益核会计科目贷方期末余额合计 = 0，或资产核会计科目借方期末余额合计 = 权益核会计科目贷方期末余额合计。

2.8.2 结账工作底表

结账工作底表（参看书目[6]）是期末结账的重要工具。它有5大栏，每大栏有借、贷两方金额，是一个10栏式的账表，格式见表2-1。在实际工作中，结账工作底表应按会计科目列出。我们只按会计要素列出。

例1：某独资企业，每月结账，当月利润结转本年利润账户。2016年4月调整前余额见结账工作底表（A），即表2-1（1）大栏。

表 2-1 结账工作底表（A）

年度：2016　月份：4　　　　　　　　　　　　　　　　　　　　单位：元

会计要素	调整前余额（1）		调整分录（2）		调整后余额（3）		资产负债表（4）		损益表（5）	
	借方	贷方	借方	贷方	借方	贷方	借方	贷方	借方	贷方
资产	978									
费用	12									
负债		340								
资本		600								
收入		32								
利润		18								
合计	990	990								

其中调整前余额由期末余额映射输出，流入结账工作底表（A），即表 2-1（1）大栏。

2.8.3　账项调整

1．账项调整的原因

账项调整的原因有以下 2 项：

（1）会计时期的划分与持续不断的经营周期不一致；

（2）会计使用权责发生制与业务工作收付实现制也不一致。

2．账项调整的内容

账项调整的内容有以下 4 项：

（1）分摊已入账的费用；

（2）分配已入账的收入；

（3）计提应负担的费用；

（4）预提应赚得的收入。

3．账项调整注意事项

账项调整工作必须注意事项有以下 3 项：

（1）账项调整必须在调整前试算平衡基础上；

（2）账项调整后也要进行调整后试算平衡；

（3）必须在调整后试算平衡基础上进行结账工作。

4．账项调整分录

账项调整见例2。

例2：根据例1及结账工作底表（A）的资料，即表2-1（1）大栏做账项调整分录。

分录①：计提本月折旧5元。

借：折旧费　　　5元

贷：累计折旧　　5元

分录②：预提应赚得的收入8元。

借：应收账款　　8元

贷：销售收入　　8元

把上述调整分录过入结账工作底表（B），见表2-2（2）大栏，并且在表2-2中进行以下运算：（1）大栏+（2）大栏（同方相加异方相减）=（3）大栏，得出调整后余额（3）大栏。

表2-2　结账工作底表（B）

年度：2016　月份：4　　　　　　　　　　　　　　　　　　　　单位：元

会计要素	调整前余额（1）		调整分录（2）		调整后余额（3）		资产负债表（4）		损益表（5）	
	借方	贷方	借方	贷方	借方	贷方	借方	贷方	借方	贷方
资产	978		②8	①5	981					
费用	12		①5		17					
负债		340				340				
资本		600				600				
收入		32		②8		40				
利润		18				18				
合计	990	990	13	13	998	998				

注1：由分录①，计提本月折旧5元。借方折旧费，计入费用要素借方；贷方累计折旧是固定资产原值的抵消，计入资产要素贷方。

注2：由分录②，预提应赚得的收入8元。借方应收账款，计入资产要素借方；贷方销售收入，计入收入要素贷方。

2.9 财务报表

财务报表是记账核心内容之三——报账,也是财务会计作为对外会计的基本目的和任务。本节内容参看书目[6]。

2.9.1 编制财务报表

1. 编制财务报表的步骤

编制财务报表的步骤如下:

(1) 把会计科目分为6类。在结账工作底表(B)上把调整后试算栏,即表2-2(3)大栏的会计科目分为6类:资产、负债和资本;费用、收入和利润。

(2) 安排资产、负债和资本3类会计科目。把资产、负债和资本3类会计科目的金额移到资产负债表栏,见表2-3(4)大栏。

(3) 安排费用、收入和利润3类会计科目。把费用、收入和利润3类会计科目的金额移到损益表栏,见表2-4(5)大栏。

2. 编制财务报表的方法

编制财务报表的方法如下:

(1) 利用结账工作底表(C)的资产负债表栏即表2-3(4)大栏编制资产负债表。

(2) 利用结账工作底表(D)中损益表栏即表2-4(5)大栏编制损益表。

(3) 利用现金流动数据编制财务状况变动表(略),参看书目[4]。

3. 编制财务报表的例子

例1:编制资产负债表。

参看结账工作底表(C)即表2-3(4)大栏,具体格式参看书目[6]。

表 2-3 结账工作底表（C）

年度：2016　月份：4　　　　　　　　　　　　　　　　　　　　　　单位：元

会计要素	调整前余额（1）		调整分录（2）		调整后余额（3）		资产负债表（4）		损益表（5）	
	借方	贷方	借方	贷方	借方	贷方	借方	贷方	借方	贷方
资产	978		②8	①5	981		⑤981			
费用	12			①5	17					
负债		340				340		⑤340		
资本		600				600		⑤600		
收入		32		②8		40				
利润		18				18		⑤41		
合计	990	990	13	13	998	998	981	981		

注1：本例因是4月结账，4月赚取利润=收入40元−费用17元=23元，计入本年利润科目贷方。

注2：资产负债表中本年利润4月末余额=3月末余额18元+4月份赚取利润23元=41元，记入利润要素贷方。

注3：月份结账，资产负债表中本年利润余额列在业主资本后面；年末结账，本年利润余额先结转留存收益，再列在业主资本后面。

例2：编制损益表。

参看结账工作底表（D）即表2-4（5）大栏，具体格式参看书目[6]。

表 2-4 结账工作底表（D）

年度：2016　月份：4　　　　　　　　　　　　　　　　　　　　　　单位：元

会计要素	调整前余额（1）		调整分录（2）		调整后余额（3）		资产负债表（4）		损益表（5）	
	借方	贷方	借方	贷方	借方	贷方	借方	贷方	借方	贷方
资产	978		②8	①5	981		⑤981			
费用	12			①5	17				③17	
负债		340				340		⑤340		
资本		600				600		⑤600		
收入		32		②8		40				③40

续表2-4

会计要素	调整前余额（1）		调整分录（2）		调整后余额（3）		资产负债表（4）		损益表（5）	
	借方	贷方	借方	贷方	借方	贷方	借方	贷方	借方	贷方
利润		18				18		⑤41		③23
合计	990	990	13	13	998	998	981	981	40	40

2.9.2 编制结账分录

结账分录是利用结账工作底表（B）上调整后试算栏即表2-2（3）大栏的科目余额做分录，有以下主要内容：

1. 结转利润

结转利润是利用结账工作底表（B）上调整后试算栏的费用科目余额和收入科目余额做结转利润分录，结平费用科目和收入科目的分类账户。

2. 结转下期

结转下期是利用结账工作底表（B）上资产负债表栏的资产、负债和资本科目的余额做结转下期的分录。

3. 分录过账

分录过账是把结转利润和结转下期的分录过入相应的资产、负债、资本和利润账户。

2.9.3 结账分录的例子

结账分录是在结账工作底表（B）上做结转利润和结转下期分录，举例如下。

例3：利用例1和例2的资料做结账分录。

1. 收入和费用结转利润

分录③：借：销售收入　40元

　　　　　贷：（各项费用）　17元

　　　　　　　本年利润　23元

2. 结平资产、负债、资本和本年利润账户

分录④：借：（各项负债）　　340元

　　　　　　业主资本　　600元

　　　　　　本年利润　　41元

　　　　　贷：（各项资产）　　981元

3. 转回分录

到5月1日开账，又做上述结平资产、负债、资本和本年利润账户分录的反分录，即借记各项资产科目，贷记各项负债、业主资本和本年利润科目，叫作转回分录。

例4：利用例3做5月1日转回分录。

分录⑤：借：（各项资产）　　981元

　　　　　贷：（各项负债）　　340元

　　　　　　业主资本　　600元

　　　　　　本年利润　　41元

其中，分录④是一个过渡分录，通常年度结账才需要。因为表2－4（5）是月份报表，所以不在工作底表中反映。

第3章 二分法逻辑揭秘

本章目的是解答了美国学者寻觅半个多世纪的复式记账法二分法逻辑是什么的问题。有以下结论：

（1）复式记账法的二分法逻辑是定向因果逻辑，这种逻辑在单式记账法中并不存在；

（2）复式记账法的"复"字原意是"双"，复式记账法应改叫双式记账法；

（3）双式记账面世之前，单式记账只是经济实体对一部分经济业务使用，对其他部分经济业务也使用双式记账；

（4）双式记账的形成，仅是单式记账不使用双式记账部分也使用双式记账。

3.1 因果逻辑

因果逻辑是唯物主义辩证法核心规律——对立统一规律（即二分法）的基本范畴之一。因果关系要在两个条件下成立：一是因和果是世界上两种普遍联系的事物；二是从因到果有一个从实践到认识的总结和逻辑推理过程。

3.1.1 因果逻辑的定义

因果逻辑定义的要点如下：

（1）原因和结果是揭示客观世界中普遍联系着的事物具有先后相继、彼此制约的一对范畴。

（2）原因是指引起一定现象的现象，结果是指由于原因的作用而引起一定的现象。

（3）有原因必会造成某种结果，有结果又必来源于某种原因。

（4）依据不同的条件，一定现象可以是原因也可以是结果；前一个原因的结果也可以是后一个结果的原因。

（5）仅在"客观世界中普遍联系着的事物"条件（记为 C）之下，因果关系才成立。

（6）设 A 是因、B 是果、C 是条件，则因果关系表示为：$C: A \rightarrow B$。读作：在条件 C 下，A 引起 B。

3.1.2 因果逻辑的形成

1. 两个事物的关系

设有 A、B 两个事物，它们之间的关系有 4 种类型。

（1）因果关系。

见 3.1.1。

（2）函数关系。

函数关系是：给出 B，必有 $A = f(B)$ 与之对应，反之未必成立。

例1：函数关系 $A = B^n$，它对任意实数 $B \neq 0$ 和整数 n 有定义。反之，若 n 是偶数，则 B 不一定是实数。

因此函数关系不是因果关系。

（3）相关关系。

相关关系是：在给出大样本 (A, B) 条件下，事物 A、B 的线性相关关系用相关系数 R 表示：$R = 0$，不相关；$R > 0$，正相关；$R < 0$，负相关。

例2：就算从 A、B 两事物抽出样本 (A, B) 足够大、相关系数 R 绝对值也足够大，但因小概率事件也有可能出现，故不能保证存在 $C: A \rightarrow B$。

因此相关关系不是因果关系。

（4）个别关系。

个别关系是：在个别情况下，$C: A \rightarrow B$。

例3：某人试过几次早起听到喜鹊叫声，这一天就事事顺畅，于是喜鹊叫声和事事顺畅这两件事在某人的观念中有因果联系。

其实喜鹊叫声和事事顺畅这两件事不是"客观世界中普遍联系着的事物",因而相信这种联系是违背常理,陷入逻辑误区的。

因此个别关系也不是因果关系。

2. 因果逻辑形成的过程

因果逻辑形成的过程如下:

(1) 实践:人们经过长期的生活、生产或管理实践。

(2) 经验:发动群众参加调研,众人的、长期的实践积累经验。

(3) 总结:总结经验,挖掘出一些规律性。

(4) 认识:通过逻辑思维,得出科学性规律,就是因果逻辑。

3.1.3 定向因果逻辑

定向因果逻辑是一类非常特殊的因果逻辑,它在会计学中存在。

1. 从猿到人

人类产生思维是在生物进化过程中从量变到质变,使人类与其他动物区分开来。一只猴子看见树上有果,只知它是食物(实在),不会去问为什么有果或果属于谁(思维)。

但是人类不会永远停留在一个层次上,而是进一步从因果关系中获取更多的认识。这个认识过程是单向的:只能是从实在到思维,不可能是从思维到实在。

2. 销售溢缺

传统会计在单式记账阶段,众人的、长期的经验主要是:凡财富的增减,必有其因。例如,出售产品收到 500 两银是结果,就记"收"现金 500 两银,查其原因,是付出了价值 430 两银的产品,就记"付"产品 430 两银(收多付少);或者出售产品收到 500 两银是结果,查其原因,是付出价值 530 两银的产品(收少付多)。

出售财物为何有时收多付少、有时收少付多?众人的、长期的思考感悟到:收多付少是一种溢出,收少付多是一种缺失。得出财物溢缺的思维,叫概念;在记账过程中概念只能是原因(财物溢缺),不会是结果(收多付少或收少付多)。

3. 资金运动

在经济实体的资金运动中，只有合法的资金来源，才会有合理的资金运用。没有合法的资金来源，就谈不上有效的资金运用。资金流动的方向是从资金来源流向资金运用，不能逆转。

反过来，投资者、合伙人或股票持有者退出资金，也是先行办好有关手续，经济实体才会安排资金的流出。资金流动的方向也是从资金来源流向资金运用，同样不能逆转。

4. 拓扑会计

在拓扑会计学中，实在演变成资产，概念演变成权益；资产为结果，权益是原因。这种在因果关系中，资产与权益地位的固定以及不能颠倒，正是定向因果逻辑最佳的例子。

3.1.4 因果关系的内容

因果关系的内容有 3 个方面。

1. 倒果查因

客观存在是先因后果，现实管理工作中往往需要反过来从实在上的感觉去寻觅概念上的原因。倒果查因的前提是已知因果关系存在，进行因果分析。因果分析分为定性分析和定量分析。

（1）定性分析。定性分析的最佳例子是利用鱼骨图寻找实在产品质量问题的形成原因。生产过程出现了某种质量问题（实在）是结果，要求寻找其形成原因（概念）。于是发动群众找原因、谈看法。做法是车间挂一块黑板，在上面画一张鱼骨图。鱼骨图先画鱼脊骨，从左向右画出一条最粗的箭线代表鱼脊骨。旁边文字说明是何种质量问题（实在）。发表意见的群众就画出脊骨两旁的较粗箭线（大肋骨），旁边标注何种原因（主因素）。每条较粗箭线（大肋骨）两边可能还画出一或多条较幼箭线（小肋骨），旁边也标注说明何种原因（次因素）。经过群众讨论，主次原因可加可减、可换可撤，最终得出结论就是认识（概念）。

（2）定量分析。例如正品率（结果）与催化剂用量（原因）的关系。

2．知因测果

知因测果的前提也是已知因果关系存在，从原因出发预测结果，也分为定性分析和定量分析。

（1）定性分析。以利润预测为例，定性分析是预测下期利润增长、持平、还是负增长；或者当前盈利，预测下期会否转亏；以及当前亏损，下期是否转盈。

（2）定量分析。定量分析则是预测下期利润额、利润率或利润增长率。

3．互为因果

互为因果表现为前一个原因的结果可能是第二个结果的原因；而后一个原因又可能形成前一个结果。

3.1.5　会计学的3种因果逻辑

综上所述，会计学有3种因果逻辑，归纳如下。

1．定向因果逻辑

定向因果逻辑由实在型核与概念型核的对立统一而形成。它总是概念型核为原因，实在型核为结果，所以叫作定向。例如合伙企业有股东加入签订合约，业主资本增加是原因，应收合伙款是结果；反之，有股东退伙也是原因，应付退伙款也是结果。

2．增减因果逻辑

增减因果逻辑由增加与减少的对立统一而形成，增加与减少互为因果。它以等式"增加＝减少"成立为条件。

一般来说减少是增加的原因，增加是减少的结果（因为有职工退休，所以要招聘职工）；个别情况下增加是原因，减少是结果（因为库存增加，所以要减少产量）。

3．总细因果逻辑

总细因果逻辑是会计学中常见的总数与细数的关系，简称总细关系。它与定向因果逻辑不同的地方有二：一是总细因果逻辑是互为因果而不是定向因果逻辑；二是总细因果逻辑多数是一因多果、多因一果或多因多果，定向因果逻辑多数是一因一果或一因一果的组合。

3.2 二进制数

二分法逻辑用于数字技术，产生了二进制数。二进制是在总结传统十进制优劣的基础上，运用二分法逻辑而引进。

3.2.1 零的地位

零是阿拉伯数字"0"的大写，它与阿拉伯数字"1"同样是数系的基石。一个数系（整数系、有理数系、实数系、复数系）没有0和1它就不完备。反之，只有0和1两个数也可以构成数系，那就是二进制数。

有了1和加减法，由1不断加1便得全部正整数；由1不断减1便得0和全部负整数。可见0的出现在1的出现和减法出现之后，这一点1比0幸运。但0的作用主要在构成数位的空格，从而配合进位制表示全部数。

3.2.2 自然数

顾名思义，自然数是自然而然产生、未经人类加工的数。但在日常生活中，人们常说"没有"而不说"0"。

别人问："你这次加了多少工资？"你没有加的话，总是答"没有"而不是答"加个0"。因为任何数加0之后不变。

或者员工跟老板说："加点工资吧，哪怕加个0。"大家都明白意思是在原来工资单金额后面加个0。

但如果老板说："好，加够两个！"那又为什么？多半是因为公司工资单的金额是取1位或2位小数的，而小数点后加0等于没有加。

早在石头计数时代，如果记录野猪存量的石盆没有石头，人们就会想到盆中无一石，何来野猪，而不会这样想盆中0块石，可见没有猪。

直到人们发明了用9个不同的符号表示数码1~9，又发明了减法之后，才想到1减1之后是什么，才想出用第十个数码表示1减1的差数，即"0"。

有了10个数码后，人们又想到另一问题，那就是数码0~9之后又怎样计数。记住0~9这10个数码已经很吃力，不能再增加数码了。

后来，人们想出进位的方法，十进制于是面世。

3.2.3 数位制

十进制还不能表示很多数，还要辅以数位制才能表示全部数，这又要请"0"来帮忙。所谓数位，是一个数由多个数码组成的、从左至右伸展的数串组成，这些数串的数码称为数位。

数位包括小数点前的整数位和小数点后的小数位。前者数码越在数串前面（左面）表示的数值越大，后者数码越在数串后面（右面）表示的数值越小。

数码 1～9 最前面的 0 不能"托"高数位表示的数值；但数码 1～9 中间及小数点之前的 0 就能"托"高数位表示的数值；而整数位最前面加个 0 及小数位后加个 0 却不能改变一个数串的值。

例1：一个数码"3"，在整数串 3 之前加 0 还是 3，在小数串 3.0 之后加 0 还是 3。观察在小数点前整数串 3 之后加 0 的结果：

（1）加 1 个 0。小数点前整数串 3 之后加 1 个 0，结果是 30，比 3 大 27。

（2）加 2 个 0。小数点前整数串 3 之后加 2 个 0，结果是 300，比 3 大 297。

（3）加 3 个 0。小数点前整数串 3 之后加 3 个 0，结果是 3000，比 3 大 2997。

（4）加 n 个 0。小数点前整数串 3 之后加 n 个 0，结果是 30…00（n 个 0），比 3 大 29…97（$n-1$ 个 9）。

例2：11 是两位整数串，观察 11 中间插 0 的结果：

（1）整数串 11 中间插 1 个 0。11 中间插 1 个 0，结果是 101，比 11 大 90。

（2）整数串 11 中间插 2 个 0。11 中间插 2 个 0，结果是 1001，比 11 大 990。

（3）整数串 11 中间插 3 个 0。11 中间插 3 个 0，结果是 10001，比 11 大 9990。

（4）整数串 11 中间插 n 个 0。11 中间插 n 个 0，结果是 10…01（n 个 0），比 11 大 9…90（n 个 9）。

这些加 0 或插 0 结果均可使由数码 0～9 组成的数串排出更大的数，再在这些由数码排成的数串数加上小数点和负号，便可表示一切实数。

3.2.4 十进制的优劣

使用进位制记数,十进制只是一种选择,不是非选十进不可。例如十六进也不错,两者的优劣比较如下:

(1) 十进制有一个优点,就是 10 的 n 次乘方等于一个 1 后面 n 个 0 的数:$10^n = 10\cdots0$(n 个 0),$n = 0$,1,2,$\cdots$。例如:

$10^0 = 1$(1 后面 0 个 0);

$10^1 = 10$(1 后面 1 个 0);

$10^2 = 100$(1 后面 2 个 0);

$10^3 = 1000$(1 后面 3 个 0);

……

$10^n = 1000\cdots$(1 后面 n 个 0)。

(2) 十六进制有一个优点,就是 16 的 4 次折半还是整数:

$16 \div 2 = 8$;

$8 \div 2 = 4$;

$4 \div 2 = 2$;

$2 \div 2 = 1$。

因此,古时候中国人以 16 两为 1 斤,外国人以 16 盎司为 1 磅。

(3) 十进制有一个缺点,就是 10 不堪折半又折半。10 的 1 次折半是 5,2 次折半已是 1 位小数 2.5,3 次折半更是 2 位小数 1.25:

$10 \div 2 = 5$;

$5 \div 2 = 2.5$;

$2.5 \div 2 = 1.25$。

而在古代,人们在交易过程中不喜欢出现小数。

3.2.5 二进制数的个数

二进制数的个数计算如下:

1 位二进制数 2 个($2^1 = 2$):0、1;

2 位二进制数 4 个($2^2 = 4$):00、01、10、11;

3 位二进制数 8 个（$2^3=8$）：000、001、010、011、100、101、110、111；

4 位二进制数 16 个（$2^4=16$）：0000、0001、0010、0011、0100、0101、0110、0111、1000、1001、1010、1011、1100、1101、1110、1111。

二进制数的排列在二分法会计中用于不重不漏地排出 2^n 个 n 维向量（$n=1, 2, \cdots$），以便从中筛选出适合因果逻辑的排列和属于逻辑误区的排列，参看下文。

3.3 记账思想

传统会计的记账方法是双式记账法，二分法会计揭秘双式记账法的二分法逻辑，除增减因果逻辑外，是定向因果逻辑。定向因果逻辑是双式记账法的伟大创造，它在半双式记账法阶段还不存在。

不仅如此，在下文中还将看到，定向因果逻辑在把双式记账法扩展到 3 核式记账法乃至跨越 3 核记账法后仍然存在。

3.3.1 复式与双式

为什么叫复式？对于复式记账法，它本应叫作双式记账法。因为中文的"复"字是一个多义词：

（1）回去、折返；

（2）回答、复函；

（3）还原、复旧；

（4）又再、而且。

以上 4 个"复"字含义都是"双"。英语对"复式记账法"一词中的复字使用"double"，也是双的意思；而英语对单词"复"的表述，则是"complex"，是复杂的意思。然而，复式记账法一借一贷很简明，并不复杂。由此可见，复式记账法应正名为双式记账法。

3.3.2 实在核与概念核

上文已经说过，在定向因果关系中，"果"是实践感觉到的存在，叫实在;"因"是思维归纳出来的感觉,叫概念。

经济实体的资金分别按使用形态、资源配置划分至最小,依次得出资产核、配置核,均叫实在型核;经济实体的资金分别按所有权属、投入形式划分至最小,依次得出权益核、形式核,均叫概念型核。其中配置核和形式核的内容,参看第4章。

利用拓扑会计的术语,单式记账、双式记账、3核式记账或跨越3核式记账分别改称单核式记账、双核式记账、3核式记账或跨越3核式记账。

随着双核式记账的扩展,n核($n=1,2,\cdots$)式记账中实在型核的个数与概念型核的个数至关重要,因此我们把核数n分为两部分写出,以明确定向因果关系是否存在。例如:

(1)$n=1+0$,表示单核式记账。有1个实在型核,0个概念型核,定向因果关系不存在;

(2)$n=1+1$,表示双核式记账。有1个实在型核,1个概念型核,定向因果关系存在;

(3)$n=2+1$,表示3核式记账。有2个实在型核,1个概念型核,定向因果关系存在;

(4)$n=1+2$,表示3核式记账。有1个实在型核,2个概念型核,定向因果关系存在;

(5)$n=2+2$,表示4核式记账。有2个实在型核,2个概念型核,定向因果关系存在。

3.3.3 正负记账法

从二分法角度看,借贷记账法最好改称正负记账法。借贷记账法的分类账户有左右两栏,左边叫借方、右边叫贷方。改称正负记账法之后,分类账户左边叫正方、右边叫负方。

1. 记账符号

借贷记账法的分类账户左栏标注"借方"、右栏标注"贷方",正负记账法的分类账户左栏标注"正方"、右栏标注"负方",借贷或正负叫作记账符号。

2. 记账方法

记账符号"借""贷"同时也是记账方法的名称——借贷记账法。

记账符号"正""负"同时也是记账方法的名称——正负记账法。

从这个意义说,人们只要找到两个意义相反的字或符号,都可构成记账符号,并且成为记账方法的名称,于是:

(1) 记账符号是借、贷,叫借贷记账法;

(2) 记账符号是增、减,叫增减记账法;

(3) 记账符号是收、付,叫收付记账法;

(4) 记账符号是正、负,叫正负记账法。

最后一对记账符号"正""负"是名正言顺,没有第一对记账符号借、贷那样高深莫测。

古代官厅、庄园使用收付记账法。其后货币产生、钱庄出现,较多借、贷活动才出现借贷记账法。但借贷业务仅是经济业务的一部分而不是全部,对于其他不涉及借贷的经济业务,使用借、贷来描述有时实在令人费解。随着现代经济社会发展迅猛,借、贷两字的含义逐渐变成:借是财物的去向或权益的减少,贷是财物的来路或权益的增加。例如,在产品完工入库,借记产成品(财物去了成品仓),贷记在产品(财物来自车间);又如,期末收入结转利润,借记收入(权益减少),贷记利润(权益增加)。

3.3.4 正负符号乘法

当两个正负概念相连,如何确定正负符号?就要用正负符号乘法。

1. 两个正负概念相连的例子

先看一些生活语言中两个正负概念相连的例子。

(1) 我今天肯定会去上班。这句话其实只说"我今天肯定上班"或"我今天会去上班"已经足够,"肯定会去"只是加强语气,都是去上班——正正为正。

(2) 我今天会不去上班。这句话"会"是肯定,"不去"是否定,结果还是"不去上班"——正负为负。

(3) 我今天不会去上班。这句话"不会"是否定,"去"是肯定,结果也是"不去上班"——负正为负。

（4）我今天不会不去上班。这句话"不会"是否定，"不去"也是否定，结果还是"去上班"——负负为正。

2．两个正负概念相连的形成

在会计中科目类型的正负、增减与记账符号的正负这两个正负概念相连，会形成很多正负的结果。

（1）科目类型的正负：实在型科目为正，概念型科目为负。

（2）记账符号的正负：记账符号借、增、收、正为正，记账符号贷、减、付、负为负。

（3）科目类型与增减相连：实在增加——正正为正、实在减少——正负为负、概念增加——负正为负、概念减少——负负为正。

3．两个正负概念相连的正负

两个正负概念相连的结果是正是负，可以用数学中的符号乘法确定。

（1）实在记借、实在记增、实在记收、实在记正为正正——正正为正，结果为"＋"；

（2）实在记贷、实在记减、实在记付、实在记负为正负——正负为负，结果为"－"；

（3）概念记借、概念记增、概念记收、概念记正为负正——负正为负，结果为"－"；

（4）概念记贷、概念记减、概念记付、概念记负为负负——负负为正，结果为"＋"。

4．用1位二进制数加法表示正负

两个正负概念相连的结果，也可用1位二进制数加法确定。

（1）用0表示正（"＋"）：记账符号借、增、收、正为正。

（2）用1表示负（"－"）：记账符号贷、减、付、负为负。

（3）用两个1位二进制数加法确定两个正负概念相连的正负。

用两个1位二进制数相加决定科目类型与记账符号相连的正负（当其和为两位时只看个位），结果如下：

0＋0＝0 表示正正为正；

0 + 1 = 1 表示正负为负；

1 + 0 = 1 表示负正为负；

1 + 1 = 10→0 表示负负为正（注意：只看个位）。

3.4 记账简史

记账的历史是人类文明的发展史，记账思想和记账方法是人类非物质文化的重要遗产。记账的历史又是辩证唯物主义尤其是对立统一规律的充分印证。

3.4.1 记账的产生

记账产生有6个条件。

1. 生产发展

生产发展，剩余劳动出现。财富积聚，记账成为必要；剩余劳动出现，记账工作才能从生产分离出来；财富积聚，记账有了客体，就是经济实体。

2. 交换升级

交换升级，货币充当媒介。货币的出现，可以大量储存剩余财富，记账进一步成为必要。

3. 纸张发明

纸张成为记账载体。纸张包括早期的羊皮、竹简及后来的纤维造纸。

4. 笔墨出现

笔墨出现，有了书写工具。笔墨包括早期的炭条及后来的笔、墨等。

5. 算盘面世

算盘面世，计算工具产生。早期的算珠用石块或木块磨成扁平，中间凿一圆孔，穿进绳子或竹条用以记数及计算；后期把穿着算珠的多条竹子装在木架上，成为算盘。

6. 用十进制

用十进制，还不能记录大数。要记录大数，数位制是记账必备的前提。因为自然数除0、1之外还有成千上万正整数。利用数位制和正整数，加上分数、小数和负数，就可以表示无穷无尽的数。

进位制有很多种选择，古时人们选择十进的原因有二：早期的实践与后期的认识。早期的实践是早期人类用手指计数，左右手共有10指，数满10指用1块小石记住、满10块小石用1块中石记住、满10块中石用1块大石记住，等等。

后期的认识是十进制有个最大的优点，就是10自乘n次等于1后面n个0的自然数，$n=0，1，2，\cdots$，直至无穷大。

3.4.2 单核式记账法

拓扑会计学面世之后，单式记账法应加个核字，正名为单核式记账法。单核式记账法有两个阶段。

1. 无核记账阶段

在实物单位计量阶段，经济实体只是对一部分相对流动的财富，如货币资金、商品货物以及应收款或应付款，予以记账；而对一些相对固定的财富，如土地房屋、交通工具及生产工具，不予记账。

因为将经济实体的财富划分为点之后不充满会计空间，从而不构成核。这些记账的财富可粗略地分为奴隶、草料、禽鸟、牲畜、谷物、柴火等大类。

根据经济实体管理层对财富划分繁简的要求，财富的大类按实名划分为较小的类别，这就是会计科目。例如禽鸟可分为家禽和飞鸟，家禽又可再分为鸡、鹅、鸭等，均可作为会计科目。

这个阶段记账最大的特点是实物单位计量，不同实物不能相加，会计科目不能归类为一些会计要素。

2. 单核记账阶段

在单核记账阶段，经济实体的资金按实际存在形态划分为最小，构成实在核。在实在核中，财富可粗略地分为土地、房屋、工具、车马、草料、禽鸟、牲畜、谷物、柴火、银两、借款、贷款等大类。

这些大类根据经济实体管理层对资金划分繁简的要求，按实名划分为较小的类别，这就是会计科目。例如银两可再分为黄金和白银，借款和贷款可按客户实名再划分为客户名，其他实物则可选择黄金或白银作为货币统一计量单位。

这个阶段记账最大的特点是实物用货币单位计量,不同实物的价值可以相加,从而实在核之下可能划分为一些会计要素。

3.4.3 平衡关系

会计记账讲究平衡,完全的平衡关系要到双核式会计才有。单核式会计也有3种平衡关系,包括动态平衡和静态平衡。

1. 动态平衡

单核式会计动态平衡(实物计量或货币计量)的方程是(每天每个会计科目):

$$上日实在 + 本日收进 = 本日发出 + 本日实在 \quad (3-1a)$$

2. 静态平衡

单核式会计静态平衡分为实物计量静态平衡和货币计量静态平衡,以一旬或一月为会计时期。

(1) 实物计量静态平衡的方程是(期初每个会计科目、期末每个会计科目):

$$期初实在实物合计 + 本期收进实在实物合计$$
$$= 本期付出实在实物合计 + 期末实在实物合计 \quad (3-1b)$$

(2) 货币计量静态平衡的方程是(期初全部会计科目、期末全部会计科目):

$$期初实在金额合计 + 本期实在收进金额合计$$
$$= 本期实在付出金额合计 + 期末实在金额合计 \quad (3-1c)$$

3.4.4 单核式会计的贡献

单核式会计的历史贡献不但不比双核式会计差,而且在某些方面有过之而无不及。其原因是:

1. 时间相近

尽管关于双核式会计的著作到 1494 年才发表,但双核式会计早在单核式会计时期盛行,两者时间相距很短。

2. 条件成熟

单核式会计盛行时期,人类的生产、流通和储存已经非常发达;计量工具、记账手段和记账方法已日臻完善,双核式记账法出现是迟早的事。

3. 师承关系

事实证明,双核式记账法的形成,仅是单核式记账法不使用双核式记账部分也使用双核式记账法。双核式记账法虽是师承单核式账法,但青出于蓝而胜于蓝。

4. 循序渐进

一门科学的传承不能一蹴而就,而是要循序渐进。其实单核式记账法经过 2 个阶段进化,才达到双核式记账法:实物单位计量阶段和货币单位计量阶段。

双核式记账法也是如此,经过近百年的实践才形成并于 1494 年公开发表。

3.4.5 单核式分类账

随着生产的发展,官厅、农庄和钱庄等经济实体相继出现,记账成为必要,单核式记账法应运而生。但根据拓扑会计学中核的概念,核是把经济实体的资金划分至最小的一套原则和方法。

而官厅、农庄和钱庄等经济实体是按资金实际存在作一次分类至最小,叫作实在核。核的部分点组成会计科目,主要有车马、草料、谷物、柴火、禽畜、奴隶、银两等。每个会计科目设分类账户,分类账户分收付两方。

分类账户的格式分 3 个阶段:

(1) 早期的分类账户是上收下付,如下面例子;

(2) 后期的分类账户是左借右贷,即我们现在常用的分类账户;

(3) 未来的分类账户是左正右负,即二分法会计。

例如,某官厅在正月初八的会计科目草料的分类账户:上日结存草料 500 斤,当日草料收进 135 斤,付出 112 斤。根据公式 (3-1a),当日结

存 = 500 + 135 − 115 = 523（斤）。

记入草料分类账户见表 3 − 1。

表 3 − 1　草料分类账

日期：正月初八　　　　　　　　　　　　　　　　　　　　　　计量单位：斤

上日结存：	500 斤	
今日收进：135 斤		农户交纳
今日付出：112 斤		马场领取
今日结存：	523 斤	

早期的单式记账法以实物交换为主，各科目用实物计量，不同科目不能加总。因此整盘分类账户形如散沙，总体静态平衡关系不存在，但单个账户逐日的记录却存在动态平衡关系：

上日库存实物数量 + 本日收进实物数量
　　　= 本日付出实物数量 + 本日库存实物数量　　　（3 − 2）

上例正月初八草料实在账动态平衡关系是 500 + 135 = 112 + 523，已经有了"复式"的影子。

后期的单核式记账法随着商品交换发达，作为交换媒介的货币出现，实在核各科目可用货币统一计量。这个时期虽然资金可以加总，但总体静态平衡关系仍然不存在。平衡关系只有：

1. 单个账户的动态平衡

单个账户的动态平衡由实物量形式（3 − 2）变成价值量形式：

上日库存实物金额 + 本日收进实物金额
　　　= 本日付出实物金额 + 本日库存实物金额　　　（3 − 3a）

2. 整盘账户的动态平衡

整盘账户逐日的动态平衡关系是：

上日库存实物金额合计 + 本日收进实物金额合计

= 本日付出实物金额合计 + 本日库存实物金额合计　（3 – 3b）

但总体静态平衡关系仍然不存在，究其原因是概念型核还未产生。概念型核产生是双核式记账法的重要标志，也是二分法会计的基础——定向因果逻辑建立的重要标志。

3.4.6　双核式记账法

双核式记账法是人们在单核式记账法实践基础上，通过因果逻辑思维上升到认识阶段。认识到"权益"和"资产"相等或"资产"与"权益"平衡的概念，导致双核式记账法面世。

双核式记账法是同一经济业务，至少在同一账户正负两方或两个账户的一正一负两方分别做出记录。这里"至少"两字是指还有以下 3 种情况亦属双核式记账法：

（1）一正多负分录。要求正方金额等于负方金额绝对值合计；

（2）多正一负分录。要求正方金额合计等于负方金额绝对值；

（3）多正多负分录。要求正方金额合计等于负方金额绝对值合计。

3.4.7　拓扑会计学

拓扑会计学登场是 1494 年双核式记账法产生 500 多年之后的一声春雷，是会计业界的新生事物。人类社会进入 21 世纪以来，各行各业务实求新。以财务会计为代表的传统会计学睡狮应该醒来，投身到改革开放浪潮中去。

拓扑会计学的地位主要有以下表现：

1. 建立公理化系统

每门科学都要现代化，现代化最佳形式是把本门科学建立在公理化系统上。拓扑会计学用点集拓扑学描述财务会计[5]，建立了会计学的公理化系统。这是顺科学现代化潮流而进，大势所趋。这是客观规律，不以个人主观意志为转移。

2. 用上高等数学

拓扑会计学用高等数学的观点描述财务会计，用微积分学处理财务会计，为财务会计进一步现代化打下基础。

3．提出双核结构

拓扑会计学关于"双核空间结构"的思想，为破解双核式记账法背后暗藏的二分法逻辑是定向因果逻辑埋下伏笔。

4．引入拓扑空间

拓扑会计学引入"拓扑会计空间"的理论以及"会计拓扑映射"的方法，为古典的会计学跨入现代化科学行列铺平道路。

3.4.8 二分法会计

二分法会计着眼于扩展双核式记账法的问题，目的是在双核式记账法的基础上谋求突破，在突破的基础上谋求创新。

在扩展双核式记账法的问题上有守旧式扩展与创新式扩展两种途径：守旧式扩展是在保留双核式记账法的1个实在型核即资产核和1个概念型核即权益核的基础上，至少新建1个实在型核或至少新建1个概念型核。即在实在型核除原来资产核外，还新建1个、2个、3个以至多于3个其他实在型核；或在概念型核除原来权益核外，还新建1个、2个、3个以至多于3个其他概念型核；或以上两者兼而有之。

设 u 是实在型核除原来资产核外新建核的个数，v 是概念型核除原来权益核外新建核的个数，则双核式记账法守旧式扩展后构成 $(u+1)+(v+1)$ 核式记账法。当 $u=v=0$ 时，$(u+1)+(v+1)=2$ 核式记账法就是双核式记账法，符合美国学者的要求。

创新式扩展是不设概念型核（包括权益核），只在实在型核除原来资产核外创建至少1个新核，构成 $(u+1)+0$ 核式记账法（$u \geq 1$）。

创新式扩展为财务会计用于微观实物单位会计核算和微观价值单位会计核算，以及宏观实物单位会计核算和宏观价值单位会计核算大开方便之门。

3.5 记账方法

为把双核式记账法扩展为3核式记账法乃至跨越3核式记账法,我们必须引入向量工具,否则核数多了,做会计分录及记分类账户时会非常烦琐。

为此,本书使用分录向量形式及账户式分录两种记账方法,前者在本节讨论,后者在下节讨论。

双核式记账法守旧式扩展在本节讨论,创新式扩展留待第4章讨论。

3.5.1 n维向量

数学表达式$A=(A_1,A_2,\cdots,A_n)$称为n维向量,其中$A_1,A_2,\cdots,A_n$称为n维向量的项,n称为向量的维。A_1称为首项,A_n称为末项。一个n项的向量,哪怕对调其中2项,也变成另一个n维向量。也就是说,n维向量的项具有有序性。

特别地,1维向量记为(A),A既是1维向量的首项、也是1维向量的末项;2维向量记为(A,B),A是2维向量的首项、B是2维向量的末项。

组成n维向量的项可以是数,叫数项向量,包括整数向量、有理数向量和实数向量、复数向量等。

组成n维向量的项可以是抽象事物,叫抽象向量。例如由集合组成的向量和由核式组成的向量都是抽象向量。

3.5.2 分录向量

分录向量是会计分录金额的载体,其维数等于n核式记账法的核式数n。

(1) 1核式记账法的核式数为1,核式组成1个集系,记为A。分录向量的维数为1,记为(A)。

(2) 2核式记账法的核式数为2,核式组成2个集系,记为A,B。分录向量的维数为2,记为(A,B);

（3）3 核式记账法的核式数为 3，核式组成 3 个集系，记为 A，B，C。分录向量的维数为 3，记为（A，B，C），等等。

（4）n 核式（$n \geqslant 4$）记账法的核式数为 n，核式组成 n 个集系，记为 A_1，A_2，$\cdots$，A_n。分录向量的维数为 n，记为（A_1，A_2，$\cdots$，A_n）。

3.5.3　分录向量形式

分录向量形式是本书使用的两种分录形式之一，另一种分录形式——账户式分录将在下节介绍。分录向量形式用符号表示，全部符号收集在表 3-2 中。

分录向量形式仅是一种符号，它描述经济业务的精确度到核为止。因此，必须引入账户式分录，才能把经济实体的经济业务描述精确至会计科目。

分录向量形式也应用于单核式记账法和双核式记账法，这是为了理论上的完整性。虽然分录向量形式及下节的账户式分录主要为电脑操作而设计，但为了理论上的完整，我们仍把单核式记账法和双核式记账法也包括在内。

分录向量形式主要用符号表示记账规则，记账规则随着单核式记账法、双核式记账法及 3 核式记账法有所不同；而 3 核式记账法又有 2+1 核式记账法和 1+2 核式记账法的区别。在表 3-2 中，我们可以看到共有 4 种核式，7 种分录向量形式。

下面 3.5.4—3.5.7 分别就 4 种核式，讨论 7 种分录向量形式。

3.5.4　单核式分录向量

在单核式记账法中，分录向量维数为 1。我们规定 5 条记账规则。

1. 固定核序

固定核序是固定 n 核式分录向量 n 项的顺序。有以下 3 条规定：

（1）先实在型核后概念型核；

（2）当实在型核超过 1 个时，先资产核，其他实在型核顺序任意确定，确定后不变；

（3）当概念型核超过 1 个时，先权益核，其他概念型核顺序任意确定，确定后不变。

单核式记账法有 1 个实在核，分录向量有 1 项，核序为实在。

2. 二进制数

单核式记账法核式数 $k=1$，有 $2^1=2$ 个二进制数：0、1。

3. 一目两方

一目两方指每个核式都有正负两个记账方向，如果同一天有正负两方，要分别汇总记账，而不是以其差额记账。根据表 3-2，写成分录向量形式就是：

$$(+ | -) \quad (3-4a)$$

例 1：本日收入白银 500 两，同日付出白银 300 两。写成分录向量形式 (3-4a)，分录是：

$$(+500 \text{ 两} | -300 \text{ 两})$$

注 1：分录向量形式只有正、负金额，没有核式名称。核式名称由分录向量的项序编码 i 确定，i 取 $1 \sim n$。分录向量的项是核式，n 是核式个数。核式实在的项序是 1，有电脑记忆。

4. 同核双记

同核双记即如果同一核式同一天都有"＋""－"记录，这个核式就要做"＋""－" 2 个分录而不是只记其差数。根据表 3-2，写成分录向量形式就是：

$$\begin{pmatrix}+\\-\end{pmatrix} \quad (3-4b)$$

例 2：本日买入 3 马匹，花白银 15 两；出售价值 10 两的 2 马匹，收白银 12 两。做"＋""－" 2 个分录是：

$$\text{分录 1}:\begin{pmatrix}+15\\-10\end{pmatrix}$$

$$\text{分录}2:\begin{pmatrix} +12 \\ -15 \end{pmatrix}$$

注 2：根据注 1，分录中核式实在的名称不用标明。其实分录 1 和分录 2 的核式名称都是实在，由电脑记住。

5．避免逻辑误区

在单核式记账法中，两个二进制数 0、1 逻辑常理都成立，没有逻辑误区。

详细内容见下文表 3-2。

3.5.5　双核式分录向量

在双核式记账法中，分录向量的维数为 2。我们规定以下 5 条记账规则：

1．固定核序

根据 3.5.4 固定核序的 3 条规定，双核式记账法的核序为资产、权益。

2．二进制数

双核式记账法核式数 $k=2$，有 $2^2=4$ 个二进制数：00、01、10、11。

3．同核双记

同核双记指如果同一核式同一天有一正一负，做两个分录。根据下面表 3-2，写成分录向量形式就是：

$$(\pm, 0) \text{ 或}(0, \pm) \qquad (3-4c)$$

4．核间反方

两位二进制数有 $2^2=4$ 个：00、01、10、11。4 种可能只有 01、10 两种符合逻辑常理——核间反方：01 是（+，-），10 是（-，+）。根据表 3-2，写成分录向量形式就是：

$$(+, -) \text{ 或}(-, +) \qquad (3-4d)$$

5．避免逻辑误区

上述 4 种可能的另外两种不合逻辑常理,列出来就是:00,11(核间不是反方)。00 是资产增加权益减少,11 是资产减少权益增加,均不合逻辑常理,应该避免。

详细内容见下文表 3-2。

3.5.6 2+1 核式分录向量

在 2+1 核式记账法中,我们新建 1 个实在型核,叫配置核,配置核是把经济实体的资金按资源配置划分至最小为点而成。配置核的内容将在第四章介绍。

在 2+1 核式记账法中,分录向量的维数为 3。我们规定以下 6 条记账规则:

1. 固定核序

根据 3.5.4 的规定,在 2+1 核式记账法中固定核序为资产、配置、权益。

2. 二进制数

2+1 核式记账法核式数 $k=3$,有 $2^3=8$ 个二进制数:000、001、010、011、100、101、110、111。

3. 同核双记

同核双记指如果同一核式同一天有一正一负,做两个分录。根据表 3-2,写成分录向量形式就是:

$$(\pm, 0, 0)、(0, \pm, 0) 或 (0, 0, \pm) \qquad (3-4e)$$

4. 型内同方

型内同方指实在型核内部记账方向相同。根据表 3-2,写成分录向量形式就是:

$$(+, +, -) 或 (-, -, +) \qquad (3-4f)$$

5. 型间反方

型间反方是实在型核与概念型核之间,要记在相反的方向。在 $2^3=8$

个二进制数中,只有001、110符合型间反方的逻辑常理:001是实在型内同正,型间正负相反;110是实在型内同负,型间负正相反。根据表3-2,分录向量形式同式(3-4f)。

6. 避免逻辑误区

上述逻辑常理不成立的场合叫作逻辑误区,列出来就是:000、111(实在型核与概念型核之间正负不相反);010、011、100、101(实在型核内正负不同方)。记账要避免落入逻辑误区。

详细内容见下文表3-2。

3.5.7 1+2核式向量分录

在1+2核式记账法中,我们新建1个概念型核,叫形式核,形式核是把经济实体的资金按投入形式划分至最小为点而成。形式核的内容将在第4章介绍。

在1+2核式记账法中,分录向量的维数为3。我们规定以下6条记账规则:

1. 固定核序

根据3.5.4的规定,在1+2核式记账法中固定核序为资产、权益、形式。

2. 二进制数

2+1核式记账法核式数 $k=3$,有 $2^3=8$ 个二进制数:000、001、010、011、100、101、110、111。

3. 同核双记

同核双记指如果同一核式同一天有一正一负,做两个分录。根据表3-2,写成分录向量形式就是:

$$(\pm, 0, 0), (0, \pm, 0) \text{ 或 } (0, 0, \pm) \qquad (3-4\text{g})$$

4. 型内同方

型内同方指概念型核内部记账方向相同,根据表3-2,写成分录向量形式就是:

$$(-, +, +) \text{ 或 } (+, -, -) \qquad (3-4\text{h})$$

5. 型间反方

型间反方指涉及两型的核式正负相反。根据表3-2，分录向量形式形如式（3-4h）。

三位二进制数有 $2^3=8$ 个：000、001、010、011、100、101、110、111。其中只有011、100逻辑常理成立（011是概念型核内同负，实在型与概念型核之间正负相反；100是概念型核内同正，实在型与概念型核之间负正相反）。

6. 避免逻辑误区

上述逻辑常理不成立的场合叫作逻辑误区，列出来就是：000、111（实在型与概念型核之间正负不相反）；001、010、101、110（概念型内正负不同方）。

详细内容见下文表3-2。

3.5.8　各种向量分录总结

总结3.5.4—3.5.7的记账规则，见表3-2。

表 3-2　逻辑常理与逻辑误区

核式	二进制数	记账规则	公式	分录向量形式	逻辑常理
单核式 (1+0)	0，1	一目两方	(3-4a)	(+｜-)	成立
		同核双记	(3-4b)	(±)	成立
双核式 (1+1)		同核双记	(3-4c)	(±，0) 或 (0，±)	成立
	01，10	核间反方	(3-4d)	(+，-) 或 (-，+)	成立
	00，11	核间不反方		不存在	误区
3核式 (2+1)		同核双记	(3-4e)	(±，0，0), (0，±，0) 或 (0，0，±)	成立
	001，110	型内同方	(3-4f)	(+，+，-) 或 (-，-，+)	成立
		型间反方		同上	成立
	010，011，100，101	型内不同方		不存在	误区
	000，111	型间不反方		不存在	误区
3核式 (1+2)		同核双记	(3-4g)	(±，0，0), (0，±，0) 或 (0，0，±)	成立
	011，100	型内同方	(3-4h)	(+，-，-) 或 (-，+，+)	成立
		型间反方		同上	成立
	001，010，101，110	型内不同方		不存在	误区
	000，111	型间不反方		不存在	误区

注3：由于2+1核式与1+2核式的同核双记相同，因而在表3-2中分录向量形式 (3-4g) 与 (3-4e) 重复。在表3-2的8种分录向量形式中，删去 (3-4g)，之后不同的分录向量形式只有 (3-4a)、(3-4b)、(3-4c)、(3-4d)、(3-4f)、(3-4g)、(3-4h) 这7种。

注4：由于2+1核式与1+2核式对称，因而分录向量形式 (3-4f) "(+，+，-) 或 (-，-，+)" 与 (3-4h) "(+，-，-) 或 (-，+，+)" 也对称。但对称到底也是不同，因而在表3-2的分录向量形式中不同的形式仍是7种。

3.6　账户式分录

账户式分录是适应二分法会计而设计的、把分录向量与分类账户结合起来的新型账表结构。它能全面地、完整地把经济业务的分类反映集中到一个账户式分录内，方便理解分录的来龙去脉，从而验证会计分录的正确性和合理性。

3.6.1 账户式分录的表示

会计分录是经济业务发生后，分析经济业务的来龙去脉，确定应正、应负的会计科目及其金额，做一记录，以作为记账的依据，又叫记账凭证。账户式分录包括账户名称即会计科目、正方（左方）金额（或实物量）和负方（右方）金额（或实物量）3个组成部分。

实际上，账户式分录只要3个组成部分齐全，如何摆布都可以。最理想的形式是：

$$\frac{科目}{+|-} \qquad (3-5a)$$

为了方便起见，n 核式账户式分录可以写成：

$$([科目 +|-],[科目 +|-],\cdots,[科目 +|-]) \qquad (3-5b)$$

其中，每个方括号代表一个核式，方括号的个数代表核式的个数。账户式分录与分录向量形式的最大区别是，前者显示会计科目，后者隐藏会计科目。

3.6.2 1核账户式分录

1核账户式分录向量只有1项，如下：

$$([科目 +|-]) \qquad (3-5c)$$

在公式（3-5c）中，圆括号内只有1个方括号，表示它是1维账户式分录向量。方括号中有会计科目名称即户名、左边正方和右边负方3个组成部分。

1 核账户式分录记账规则有以下 2 条：

（1）一目两方。根据一目两方的规定，同核同一个会计科目做一个分录。

例 1：是日收进柴火 300 斤，发出 250 斤。

分录是：

$$([柴火 +300 斤 | -250 斤]) \qquad (3-5d)$$

（2）同核双记。根据同核双记的规定，同核两个会计科目做两个分录。

例 2：用白银 400 两交换奴隶 5 个。

分录 1 是：

$$([白银 +|-400 两]) \qquad (3-5e)$$

分录 2 是：

$$([奴隶 +5 人 | -]) \qquad (3-5f)$$

其中，分录 1 银两只有付出、没有收进，左边只留一个"+"号便可；分录 2 奴隶只有增加、没有减少，右边只留一个"-"号便可。

从例 2 可见 1 核账户式分录含有双核式记账法的思想与形式，但因不具平衡关系，只是半双核式记账法。

3.6.3　2 核账户式分录

对于复式记账法的扩展，美国学者提出两个条件：旧制度要保存，新制度要完整。其中旧制度原意是复式记账法。

在二分法会计中，复式记账法是双核式记账法，而且是正负记账法。它的双核是资产核和权益核，做分录时只需记住资产核科目是正，权益核科目是负，以及正负符号乘法规则便可。

2 核账户式分录向量有两项：首项是资产核科目，末项是权益核科目。

圆括号内有 2 个方括号，用账户式分录 3 个组成部分表示，如下：

$$([\text{科目}+|-],[\text{科目}+|-]) \qquad (3-6)$$

2 核账户式分录记账规则有以下 3 条：

（1）固定核序。根据 3.5.4 的规定，双核式记账固定核序为资产、权益。

（2）同核双记。根据同核双记的规定，做 2 个分录。

例 3：把本月销售收入 5400 元结转利润。

分录 1 是：

$$([+|-],[\text{销售收入}+|-5400\ \text{元}]) \qquad (3-6a)$$

分录 2 是：

$$([+|-],[\text{本年利润}+5400\ \text{元}|-]) \qquad (3-6b)$$

本例执行"固定核序"规则，首项是资产核科目，因无变化，不用记账；末项是权益核内部增减，根据同核双记，要分开做两个分录。

（3）核间反方。根据核间反方的规定，只需做 1 个分录。

例 4：业主投入 5000 元资金存入银行。

分录是：

$$([\text{银行存款}+5000\ \text{元}|-],[\text{实收资本}+|-5000\ \text{元}]) \quad (3-6c)$$

本例首项资产增加，正正为正；末项资本增加，负正为负。

3.6.4　3 核账户式分录

在复式记账法的守旧式扩展中分为两个扩展型式：实在型核守旧式扩展与概念型核守旧式扩展。

实在型核守旧式扩展是把经济实体资金除按使用形态划分之外再按其

他原则划分以形成除资产核外的其他实在型核;权益核型守旧式扩展是把经济实体资金除按所有权属划分之外再按其他原则划分以形成除权益核外的其他概念型核。

就3核守旧式扩展来说,具体有:

(1) 2+1型3核守旧式扩展记账法。2+1型守旧式扩展是在保留资产核、权益核原有2核外,加入1个新建的实在型核,形成3核式记账法。

(2) 1+2型3核守旧式扩展记账法。

1+2型守旧式扩展是在保留资产核、权益核原有2核外,加入1个新建的概念型核,形成3核式记账法。

3核账户式分录向量形如:

$$([科目+|-],[科目+|-],[科目+|-]) \quad (3-7)$$

详细论述见第4章。

3.7 发生额函数

二分法会计有3个函数:增量函数、发生额函数和余额函数。其中发生额函数有正方发生额函数和负方发生额函数。虽然余额函数建基于这两个发生额函数之上,但余额函数才是会计系统信息流的主动脉。

3.7.1 时间的计量

1. 计量单位

会计时间计量的单位为天,一天之中不会再分上午、下午和晚上;更不会再分为时、分和秒。会计是事后记账,从这一点出发,可以假定一天的经济业务发生在24时之前的瞬间,记账日期为下一天0时之后的瞬间。

2. 会计时期

在会计分期的假定之下,会计信息系统把时间空间 T 划分为大致相等的段落,叫会计时期。假定会计时期是月份,令 N 是月份的长度,即 N

天，那么 N 的数值有 4 种可能：$N=28$ 天（2月平年）、29 天（2月闰年）、30 天（小月）或 31 天（大月）。

3．时间区间

会计时期表示为时间区间 $(0,N)\in T$，其中 $t=0$ 叫期初，$t=N$ 叫期末。在会计时期的 N 天中，第一天为 $t=1$（因为按假定 $t=0$ 那天发生的经济业务发生在 24 时之前的瞬间，该天发生的经济业务记账日期为下一天 0 时之后的瞬间），第二天为 $t=2$，…，第 N 天为 $t=N$。

3.7.2 一天发生额

1．增量函数

增量函数按每个会计科目设置，分为正增量函数及负增量函数。设会计科目编码为 m、时间 $t\in(0,N)$，t 的单位为天，则第 t 天增量函数分为：

（1）正增量函数。第 t 天正增量函数由第 t 天记在会计科目 m 正方的分录过入，记为 $\Delta f_m^+(t)$。

（2）负增量函数。第 t 天负增量函数由第 t 天记在会计科目 m 负方的分录过入，记为 $\Delta f_m^-(t)$。

2．一天发生额

一天的增量合计叫作一天发生额，记为 $F_m(t)$，分为一天正方发生额及一天负方发生额。

（1）一天正方发生额。

第 t 天会计科目 m 正方发生额记为 $F_m^+(t)$，计算公式为：

$$F_m^+(t) = \sum \Delta f_m^+(t) \qquad (3-8\text{a})$$

（2）一天负方发生额。

第 t 天会计科目 m 负方发生额记为 $F_m^-(t)$，计算公式为：

$$F_m^-(t) = \sum \Delta f_m^-(t) \qquad (3-8\text{b})$$

其中 $F_m^+(t)$ 及 $F_m^-(t)$ 分别表示会计科目 m 第 t 天记在正方的分录合计及记在负方的分录合计。

3.7.3　本期发生额

本期发生额是各会计科目在会计时期 N 天发生额的合计。

设 $(0, N)$ 表示会计时期，$t \in (0, N)$，m 是会计科目的编码。用符号 $F_m^+(0, N)$ 表示会计科目 m 的本期正方发生额，符号 $F_m^-(0, N)$ 表示会计科目 m 的本期负方发生额。

1. 本期正方发生额

本期正方发生额计算公式为：本期正方发生额 = 本期各天正方发生额合计。符号公式如下：

$$F_m^+(0, N) = \sum_{t=0}^{N} F_m^+(t) \qquad (3-9a)$$

2. 本期负方发生额

本期负方发生额计算公式为：本期负方发生额 = 本期各天负方发生额合计。符号公式如下：

$$F_m^-(0, N) = \sum_{t=0}^{N} F_m^-(t) \qquad (3-9b)$$

其中，$\sum_{t=0}^{N} F_m^+(t)$ 及 $\sum_{t=0}^{N} F_m^-(t)$ 分别表示会计科目 m 本期各天正方发生额合计及本期各天负方发生额合计。

3.7.4　发生额平衡

发生额平衡有两种：一是个别会计科目昨天到今天的动态平衡，二是全部会计科目整个会计时期的静态平衡。

1. 个别会计科目昨天到今天的动态平衡

设时间 $t - 1 \in (0, N)$，$t \in (0, N)$。m 是会计科目编码，$f_m(t)$ 是会

计科目 m 在时间 t 的余额（余额的定义参看 3.8.1）。

计算公式为：昨天会计科目 m 余额 + 今天会计科目 m 正方发生额 = 今天会计科目 m 负方发生额绝对值 + 今天会计科目 m 余额。

设 $|x|$ 表示 x 的绝对值，动态平衡公式如下：

$$f_m(t-1) + F_m^+(t) = | F_m^-(t) | + f_m^+(t) \qquad (3-10a)$$

2. 全部会计科目整个会计时期的静态平衡

因为这种发生额平衡是整个会计时期发生额的平衡，要到期末（$t = N$）那天才成立，所以是一种静态平衡。设 $(0,N)$ 是会计时期，m 是会计科目编码，$F_m^+(0,N)$ 是会计科目 m 本期正方发生额，$F_m^-(0,N)$ 是会计科目 m 本期负方发生额。

静态平衡公式为：本期各会计科目正方发生额合计 = 本期各会计科目负方发生额（绝对值）合计。

设 $|x|$ 表示 x 的绝对值，则静态平衡公式如下：

$$\sum_{m=1}^{M} F_m^+(0,N) = | \sum_{m=1}^{M} F_m^-(0,N) | \qquad (3-10b)$$

其中，$\sum_{m=1}^{M} F_m^+(0,N)$ 和 $\sum_{m=1}^{M} F_m^-(0,N)$ 分别是 $F_m^+(0,N)$ 和 $F_m^-(0,N)$ 从 $m=1$ 到 $m=M$（M 是会计科目最大编码）求和。

3.8 余额函数

余额函数又叫蝴蝶函数[6]，它是会计信息流的大动脉。余额函数由会计分录输入信息，经会计信息系统分流之后，输出到财务报表。

3.8.1 余额函数的定义

余额函数是复合函数，它的定义比较复杂，要从 3 个方面来叙述。

1. 定义域

余额函数定义在时间空间 T 上,定义域是会计时期 $(0, N)$,其中 $t = 0$ 叫期初、$t \in (0, N)$ 叫期中,$t = N$ 叫期末。

2. 中间变量

(1) 1 核式记账法余额函数中间变量是 1 维分录向量,记为 (A);

(2) 2 核式记账法余额函数中间变量是 2 维分录向量,记为 (A, B);

(3) 3 核式记账法余额函数中间变量是 3 维分录向量,记为 (A, B, C);

(4) n 核式记账法余额函数中间变量是 n 维分录向量,记为 $(A_1, A_2, \cdots, A_n)$。

3. 值域

余额函数的值域是金额空间 J。

可见,余额函数的变化过程是:$T \to (A_1, A_2, \cdots, A_n) \to J$。因为 T 和 J 都是实数空间,所以余额函数是从实数到自身的、中间变量为分录向量的复合函数。

3.8.2 余额函数的设置

1. 期初余额函数

期初余额函数按每个会计科目设置。设会计科目编码为 m,已知它在时间 $t = 0$ 之值为 $f_m(0)$。当会计主体是新创立时,对一切 m 令 $f_m(0) = 0$;当会计主体是持续经营中时,对一切 m 令 $f_m(0) = f_m(N^*)$,其中 $f_m(N^*)$ 是上一个会计时期的期末余额。

2. 期中余额函数

期中余额函数按每个会计科目设置。设它在时间 $t - 1 \in (0, N)$(昨天)之值为 $f_m(t-1)$,在时间 $t \in (0, N)$(今天)之值为 $f_m(t)$。

汇总在 $t \in (0, N)$(今天)发生的分录,其正方金额合计为 $F_m^+(t)$、负方金额合计为 $F_m^-(t)$,则会计科目 m 在时间 t(今天)的余额计算公式为:

会计科目 m 今天余额 = 会计科目 m 昨天余额 + 会计科目 m 今天正方

发生额合计 – 会计科目 m 今天负方发生额（绝对值）合计。

设 $|x|$ 表示 x 的绝对值，则静态平衡公式如下：

$$f_m(t) = f_m(t-1) + F_m^+(t) - |F_m^-(t)| \quad (3-11a)$$

其中，$f_m(t-1)$ 是会计科目 m 昨天的余额，$f_m(t)$ 是会计科目 m 今天的余额。

3. 期末余额函数

期末余额函数按每个会计科目设置。设会计科目编码为 m，$F_m(0)$ 为期初余额，$f_m(N)$ 为期末余额；$F_m^+(0, N)$ 是本期正方发生额，$F_m^-(0, N)$ 是本期负方发生额，则期末余额计算公式为：

期末余额 = 期初余额 + 本期正方发生额 – 本期负方发生额的绝对值。

设 $|x|$ 表示 x 的绝对值，静态平衡公式如下：

$$f_m(N) = f_m(0) + F_m^+(0,N) - |F_m^-(0,N)| \quad (3-11b)$$

3.8.3 平衡关系

余额函数有以下 2 种平衡关系：

1. 静态平衡

静态平衡指在会计时期末端 $t = N$ 这个时点才有的平衡关系。

设会计科目编码为 m，则有静态平衡公式如下：

本期各会计科目 m（m 取 $1 \sim M$，下同）正方余额合计 = 本期各会计科目负方余额（绝对值）合计。

设 $|x|$ 表示 x 的绝对值，静态平衡公式如下：

$$\sum_{m=1}^{M} f_m^+(N) = \left| \sum_{m=1}^{M} f_m^-(N) \right| \quad (3-12a)$$

或写成余额平衡方程：

$$\sum_{m=1}^{M} f_m^+(N) + \sum_{m=1}^{M} f_m^-(N) = 0 \qquad (3-12b)$$

其中 $\sum_{m=1}^{M} f_m^+(N)$ 和 $\sum_{m=1}^{M} f_m^-(N)$ 是会计科目 m 的余额函数 $f_m^+(N)$ 和 $f_m^-(N)$ 分别按科目编码 m 从 1 到 M 求和。

2. 动态平衡

动态平衡指在每个时点 t 都有的平衡关系。

设会计科目编码为 m，时间 $t \in (0, N)$；$F_m^+(0, t)$ 及 $|F_m^-(0, t)|$ 分别是会计科目 m 在时段 $(0, t)$ 正方发生额合计和负方发生额的绝对值合计，则在每个时点 t 都有平衡关系：

会计科目 m 在时点 t 的余额 = 会计科目 m 在时点 $t=0$ 的余额 + 会计科目 m 在时段 $(0, t)$ 正方发生额合计 − 会计科目 m 在时段 $(0, t)$ 负方发生额的绝对值合计。

设 $|x|$ 表示 x 的绝对值，则动态平衡公式如下：

$$f_m(t) = f_m(0) + F_m^+(0, t) - |F_m^-(0, t)| \qquad (3-13a)$$

或写成余额平衡方程：

$$f_m(t) + |F_m^-(0, t)| = f_m(0) + F_m^+(0, t) \qquad (3-13b)$$

因公式（3-13a）及公式（3-13b）对每个会计科目 m 的每个时点 t 成立，故为动态平衡。

按会计科目设置的发生额函数或余额函数均与会计空间的核数无关，都一样按会计科目设置及具有同样的平衡关系。只是这些平衡关系既对每个核成立，也对整个会计空间成立。

第4章 多核式记账曝光

遵照美国学者的要求,把复式记账法扩展到3核式或跨越3核式记账法,必须保留复式记账法原来的资产与权益两度。

为此,本章我们把符合这项要求的复式记账法扩展称为复式记账法守旧式扩展,把不符合这项要求的复式记账法扩展称为复式记账法创新式扩展,并分别举例说明,在这两式扩展定义之下,均可达致 n 核式记账,$n \geqslant 3$。

4.1 事业部会计

事业部会计既可用于宏观经济的理论研究,又可作为微观管理的实际应用。加上它与时俱进,可谓前景无限。

4.1.1 集团公司的结构

集团公司是大型公司、上市公司甚至跨国公司,下面按行业、品牌、生产、销售或服务等设事业部即公司;也可按地区例如欧、亚、非、北美、南美和大洋洲或北京、上海、深圳、珠海、广州设地区分部。集团公司与其属下公司或地区分部的关系如下:

(1)集团公司除按事业部或地区分部设公司外,在总经理之下,还设置多个职能管理部门。职能管理部门与其他事业部或地区分部不同,职能管理部门是集团公司的指挥部、决策部和神经中输。

职能管理部门由人事部、开发部、投资部、财务部等组成,各由一名副总经理分管。集团公司在职能管理部门之下设置事业部或地区分部。职能管理部门体现集团公司集权、统一的方面;事业部或地区分部则体现集团公司分权、放权的方面。

（2）在职能管理部门中，财务部是集团公司财务管理的高层。这个高层财务部负责对外吸收资金，发行股票、债券和其他融资方式；对内向属下公司或地区分部投放资金、调度资金和用资金利润率考核他们的业绩。

此外，集团公司总部作为管理机构，有其自身的财务。设立财务办公室，财务办公室是集团公司财务管理的中层。最后，事业部或地区分部的财务科，是集团公司财务管理的基层。

（3）在会计方面，集团公司与其属下公司或地区分部是独立的 $n+1$ 盘账，其中 n 是属下公司或地区分部的个数，1 是集团公司总部的财务办公室。前者都是利润中心，后者只是费用中心。这 $n+1$ 盘账按各自的会计准则、法律和规章制度开展财务管理和会计核算，跨国公司尤其如此。

（4）高层财务部除了负责对外吸收资金、对内向属下公司或地区分部投放资金外，还负责对外编制和报送合并财务报表。编制和报送合并财务报表通常以集团公司总部所在地的会计准则、法律和规章制度为标准，往往与其属下公司或地区分部的标准不一致。因此，属下公司或地区分部的财务报表可能要做两套——一套本身用，另一套上报集团公司总部。

（5）在资金方面，集团公司与其属下公司或地区分部是投资和受资关系。集团公司是投资者，对其属下公司或地区分部投入资金时记入长期投资。属下公司或地区分部是接受投资者，接受投资时记入业主资本、实收资本或股本。

（6）集团公司对属下公司或地区分部投入资金的代价，是后者每月、每季或每年按投入资金的约定百分比上交利润。对属下公司或地区分部多交或少交的利润，集团公司按市场利率计付或计收利息。

（7）集团公司为属下公司或地区分部制定管理条例或规章制度并给予指引。除任命属下公司或地区分部经理外，不具体参与管理。

集团公司为属下公司或地区分部培训管理干部只是收取培训费，一般不具体参与属下公司人事安排。

（8）属下公司或地区分部作为利润中心，集团公司为他们建立全面预算、形成责任中心。制定各种标准和内部转移价格，引入竞争机制和定期奖罚制度。

对于集团公司属下公司或地区分部的会计核算，只是普通的财务会计，本章不予讨论。本章以下各节只对集团公司的财务管理高层——集团公司财务部的会计核算，予以讨论。

4.1.2　2+1 实在型核守旧式扩展

2+1 实在型核守旧式扩展是在双核式记账法原来资产核和权益核基础上增加第三核。

要增加的第三核是经济实体的资金按资源配置划分至最小，形成配置核。配置核与资产核同属实在型核。因为守旧式扩展的要求，保留权益核作为概念型核的唯一核。

根据第 3 章的讨论，2+1 实在型核守旧式扩展记账原则有以下 4 项：

1. 固定核序

根据第 3 章规定，在分录向量中项的顺序先实在型核科目后概念型核科目；在实在型核科目中先资产核科目后其他实在型核科目，在概念型核科目中先权益核科目后其他概念型核科目。

于是 2+1 实在型核守旧式扩展 3 个核的顺序为资产、配置、权益。

2. 一目双记

一目双记是每个会计科目都分为正、负两方，在账户中总是左正右负。每天发生的、可能多次的经济业务按每个会计科目分别正负两方汇总事后记账一次，而不是把正负两方之差汇总记账。

3. 会计方程

2+1 实在型核守旧式扩展的会计方程变成"资产 = 配置 = －权益"。移项之后得两个会计方程，即"资产 + 权益 = 0"及"配置 + 权益 = 0"。详细来说是"资产核会计科目余额合计 + 权益核会计科目余额合计 = 0"及"配置核会计科目余额合计 + 权益核会计科目余额合计 = 0"。

设时间 $t \in (0, N)$，$f(t)$ 是余额函数，p、q、r 分别是资产核、配置核、权益核会计科目的编码，P、Q、R 分别是资产核、配置核、权益核会计科目的最大编码，则有以下公式：

$$\sum_{p=1}^{P} f_p(t) + \sum_{r=1}^{R} f_r(t) = \sum_{q=1}^{Q} f_q(t) + \sum_{r=1}^{R} f_r(t) = 0 \qquad (4-1)$$

在式（4-1）中，$\sum_{p=1}^{P} f_p(t)$、$\sum_{q=1}^{Q} f_q(t)$ 及 $\sum_{r=1}^{R} f_r(t)$ 分别是资产核会计科目、配置核会计科目及权益核会计科目的余额按科目编码依次从 1～P、从 1～Q 及从 1～R 求和。

4. 科目向量

设 A，B，C 分别为资产核、配置核、权益核的会计科目系，则 2+1 实在型核守旧式扩展科目向量为 (A，B，C)。

4.1.3　1+2 概念型核守旧式扩展

在资产核和权益核基础上，1+2 概念型核守旧式扩展增加的概念型核是资金按投入形式划分至最小，构成形式核。因为守旧式扩展的要求，所以保留资产核作为实在型核的唯一核。

根据第 3 章的讨论，1+2 概念型核守旧式扩展记账原则有以下 4 项：

1. 固定核序

根据第 3 章规定，在 1+2 概念型核守旧式扩展的 3 个核的顺序为资产、权益、形式。

2. 一目双记

一目双记参看 4.1.2。

3. 会计方程

1+2 概念型核守旧式扩展会计方程是"资产 = -权益 = -形式"。移项得两个会计方程"资产 + 权益 = 0"及"资产 + 形式 = 0"。详细来说是"资产核会计科目余额合计 + 权益核会计科目余额合计 = 0"及"资产核会计科目余额合计 + 形式核会计科目余额合计 = 0"。

设时间 $t \in (0, N)$，$f(t)$ 是余额函数，p、r、s 分别是资产核、权益核、形式核会计科目编码，P、R、S 分别是资产核、权益核、形式核会计科目最大编码，则有以下公式：

$$\sum_{p=1}^{P} f_p(t) + \sum_{r=1}^{R} f_r(t) = \sum_{p=1}^{P} f_p(t) + \sum_{s=1}^{S} f_s(t) = 0 \qquad (4-2)$$

在式（4-2）中，$\sum_{p=1}^{P} f_p(t)$、$\sum_{r=1}^{R} f_r(t)$ 及 $\sum_{s=1}^{S} f_s(t)$ 分别是资产核会计科目、权益核会计科目及形式核会计科目的余额按科目编码依次从 $1 \sim P$、从 $1 \sim R$ 及从 $1 \sim S$ 求和。

4．科目向量

设 A，C，D 分别为资产核、权益核、形式核的会计科目系，则概念型守旧式扩展科目向量为 (A, C, D)。

4.2 科目设置

关于守旧式扩展型会计科目的设置方法，2 个旧核资产核与权益核按常规设置，本节不再论述。此外上节还增设一个实在型核叫作配置核，增设一个概念型核叫作形式核。

本节将要讨论新增的 2 个核——配置核与形式核会计科目设置方法。这些新增核会计科目的设置方法既与集团公司划分事业部的方法相关，又与集团公司内部财务管理制度有关。

4.2.1 会计科目的设置

为了熟悉守旧式扩展型会计增设的 2 个新核——配置核和形式核的含义和内容，讨论其会计科目的设置很有必要。尤其实在型核中资源配置核会计科目的设置与集团公司按事业部设公司还是按地区设分部，有很大区别：前者称为 A 型结构；后者称为 B 型结构。

此外，集团公司配置核和形式核会计科目的设置还与其内部财务管理制度有关。

4.2.2 配置核会计科目

实在型核中资源配置核会计科目的设置分以下 2 种情况：

1. 集团公司按事业部设公司

集团公司按事业部设公司，称为 A 型结构。

集团公司的 A 型结构，例如按工业公司、商业公司、物流公司、信息公司等设一级科目，简称工、商、物、信等。

2. 集团公司按地区设分部

集团公司按地区设分部，称为 B 型结构。

集团公司按地区设分部，例如按北京分部、上海分部、广州分部、深圳分部等设一级科目，简称北、上、广、深等。

集团公司的 B 型结构，包括以下 2 个分型：

（1）B1 型结构，又叫作内向型结构。

内向型结构指境内设地区分部，总部在境外。

例如境内按北京、上海、广东等设分部并设一级科目，简称北、上、广等，总部设在纽约。

内向型结构的作用，一是从境外引进先进科技和设备，管理思想和方法，人才和经验；二是组织出口渠道，开发海外市场。

（2）B2 型结构，又叫作外向型结构。外向型结构指地区设分部在境外、总部在境内。

例如，总部在北京，海外设欧、亚、非、北美、南美、大洋洲等地区分部及一级科目，简称欧、亚、非、北、南、洋。

内向型结构的作用，一是支援发展中国家加强基本建设和发展基础工业；二是与经济发达国家加强交流和合作。

4.2.3 形式核会计科目

概念型核中形式核是按投入或形成集团公司资金的形式划分，设置会计科目如下：

1. 货币形式

货币形式是外界投资者以货币投入集团公司，具体来说是集团公司收到支票、汇款或银行本票。

2. 股权形式

股权形式包括外界投资者以其他上市公司的普通股、优先股或认股权证投入资金到集团公司。

3. 债权形式

债权形式包括外界投资者以应收账款、国库券或商业证券投入资金到集团公司。

4. 收益形式

收益形式是集团公司自身创造的收益，包括集团公司的销售收入、本年利润、留存收益和未分配利润。

以上一级科目，简称货、股、债、收。

4.3　3核守旧式扩展

账户式分录更能表达二分法会计的思想和方法，1核和2核账户式分录已在第3章讨论。3核及跨越3核账户式分录分为守旧式扩展和创新式扩展两类，守旧式扩展又分为3核守旧式扩展和多核（即跨越3核）守旧式扩展两种。

本节主要讨论3核守旧式扩展账户式分录，多核守旧式扩展账户式分录将在4.4讨论。

4.3.1　守旧式扩展的类型

双核式记账法守旧式扩展可以延伸至3核式记账法甚至跨越3核式记账法，直至无穷，包括 $u+1$ 型守旧式扩展和 $1+v$ 型守旧式扩展两种类型，其中 $u,v \geqslant 1$，均是正整数。从而构成 $u+1$ 型核守旧式扩展记账法、$1+v$ 型核守旧式扩展记账法及 $u+v$ 型核守旧式扩展记账法（其中 $u,v \geqslant 2$）。

1. $u+1$ 型核守旧式扩展记账法

$u+1$ 型核守旧式扩展记账法，当 $u=2$ 时，就是 $2+1$ 型核式，即在资产核、权益核基础上增加配置核的3核型守旧式扩展记账法。当 u 继续增加便构成无穷无尽的跨越3核型守旧式扩展记账法。

2. $1+v$ 型核守旧式扩展记账法

$1+v$ 型核守旧式扩展记账法，当 $v=2$ 时，就是 $1+2$ 型核式，即在资产核、权益核基础上增加形式核的 3 核型守旧式扩展记账法。当 v 继续增加便构成无穷无尽的跨越 3 核型守旧式扩展记账法。

3. $u+v$ 型核守旧式扩展记账法

$u+v$ 型核守旧式扩展记账法是既有实在核型守旧式扩展又有概念核型守旧式扩展的 4 核型守旧式扩展记账法及跨越 4 核型的守旧式扩展记账法（$u,v \geq 2$），同样无穷无尽。

4.3.2　2+1 核型账户式分录

2+1 核型账户式分录使用 3 核型账户式分录向量，形如式（3-7）。做分录时要坚持固定核序、一目双记、记账规则及避免逻辑误区。

1. 固定核序

根据第 3 章，2+1 核型账户式分录向量的核序是资产、配置、权益。

2. 一目双记

一目双记是指同核的某个会计科目一增一减，根据第三章表 3-2，做两个分录。形如：

$$(\pm,0,0),(0,\pm,0) 或 (0,0,\pm) \qquad (4-3a)$$

在账户式分录向量形式（4-3a）中，"$\pm$"表示双记，其除两个会计科目金额取零。

例 1：某 B2 型结构集团公司（参看 4.2.2）海外总部投入上海分部 50 万元的机器设备。

由（4-3a）的第二个 3 维向量 $(0,\pm,0)$，有

分录 1：上海分部增加固定资产：

$$([+|-],[上海分部+5000元|-],[+|-])$$

分录2：海外总部减少机器设备：

([+|‒],[| 海外总部 ‒ 5000 元],[+|‒])

本例只是配置核内部增减，与资产核和权益核无关。后者在账户式分录向量中用 [+|‒] 表示这两项，实际操作中记"0"。

3．记账规则

根据第3章表3‒2，2+1核型账户式分录记账规则是：

(1) 同核双记。

根据第3章表3‒2，同核双记是同核两个一级科目也要按（4‒3a）做两个分录。

例2：接例1，上海分部以内部转移价格60万元的货车卖给广东分部。由（4‒3a）的第二个3维向量 $(0, \pm, 0)$，有

分录1：广东分部增加交通工具：

([+|‒],[广东分部 + 5000 元 |‒],[+|‒])

分录2：上海分部减少交通工具：

([+|‒],[上海分部 | ‒ 5000 元],[+|‒])

本例只是配置核内部增减，与资产核和权益核无关。后者在账户式分录向量中用两个 [+|‒] 表示这两项，实际操作中记"0"。

(2) 型内同方。型内同方指实在型核内几个会计科目或概念型核内几个会计科目做分录时记在相同的方。

(3) 型间反方。

型间反方指实在型核内几个会计科目与概念型核内几个会计科目之间做分录时记在相反的方。

根据第3章表3‒2，3.2或3.3写成3维向分录量形式如下：

$$(+, +, -) \text{ 或 } (-, -, +) \tag{4-3b}$$

4. 避免逻辑误区

做分录时要避免逻辑误区。2+1核型账户式分录逻辑误区是：

(1) 型内不同方。

(2) 型间不反方。

4.3.3　1+2核型账户式分录

1+2核型账户式分录使用3核型账户式分录向量，形如式(3-7)。做分录时要坚持固定核序、一目双记、记账规则及避免逻辑误区。

1. 固定核序

1+2核型账户式分录向量的核序是资产、权益、形式。

2. 一目双记

一目双记参看4.3.2。

3. 记账规则

根据第3章表3-2，1+2核型账户式分录记账规则是：

(1) 同核双记。

同核双记参照4.3.2。

例3：月终把本月销售收入2300元结转本年利润。由(4-3a)的第二个3维向量$(0, \pm, 0)$，有

分录1：([+|-]，[销售收入 +2300元|-]，[+|-])

分录2：([+|-]，[本年利润 +|- 2300元]，[+|-])

本例只是权益核内部增减，与资产核和形式核无关。后面两者在账户式分录向量中用[+|-]表示这两项，实际操作中记"0"。

(2) 型内同方。

(3) 型间反方。

根据表3-2，3.2或3.3写成3维向量形式如下：

$$(+,-,-) 或 (-,+,+) \qquad (4-3c)$$

例4：某公司以9000元支票购买本集团公司普通股。根据（4-3c），分录向量如下：

$$([银行存款 +9000元 | -], [普通股 +|- 9000元],$$
$$[货币形式 +|- 9000元])$$

本例权益核与形式核同属概念型核，由3.2，型内同记负方；资产核属实在型核，权益核与形式核同属概念型核，由3.3，型间反方。

4. 避免逻辑误区

要避免逻辑误区，1+2核型账户式分录逻辑误区同2+1核型账户式分录逻辑误区。

4.4 多核守旧式扩展

本节试图说明，双核型记账法守旧式扩展的要求看来非常苛刻，其实不是。实际上除了3核型守旧式扩展不难外，3核型以上（称多核型）守旧式扩展也是不难的。本节专门讨论多核型守旧式扩展。

4.4.1 多核型守旧式扩展的性质

多核型守旧式扩展有以下性质：

1. 保留原来两核

保留原来两核是指双核型记账法多核型守旧式扩展后保留实在型核的资产核及概念型核的权益核。

2. 扩展后仍完备

保留资产核及权益核两核后，多核型守旧式扩展的记账法仍然完备，即还是保留双核型记账法背后隐藏的二分法逻辑，也就是前文所说的保留定向因果逻辑。

3. 概念核是关键

一旦概念型核尤其是权益核不被保留,哪怕是保留实在型核的资产核或配置核,定向因果逻辑也不复存在。

4.4.2　2+2核型守旧式扩展的构成

双核型记账法2+2核型守旧式扩展的构成如下:

1. 4核结构

4核结构是把会计空间用4套不同的原则和方法分别划分为点,形成资产核 W、配置核 X、权益核 Y 和形式核 Z。

2. 会计科目

2+2核型守旧式扩展的会计科目分别由会计空间4个核 W,X,Y,Z 的部分点组成,依次记为 a,b,c,d。

3. 会计科目系

2+2核型守旧式扩展的会计科目系由会计空间4个核 W,X,Y,Z 的会计科目组成,依次记为 A,B,C,D。

4. 分录向量

2+2核型守旧式扩展的账户式分录向量是4维向量,形如:

$$([科目+|-],[科目+|-],[科目+|-],[科目|-]) \quad (4-4)$$

4.4.3　2+2核型守旧式扩展的会计分录

2+2核型守旧式扩展的会计分录采用4核账户式分录向量,形如式(4-4)。做分录时要坚持固定核序、一目双记、记账规则及避免逻辑误区。

1. 固定核序

根据第3章,4核型账户式分录向量的核序是资产、配置、权益、形式。

2. 一目双记

一目双记见4.3.2。

3. 记账规则

4 核型账户式分录的记账规则同 2+1 或 1+2 核型账户式分录的记账规则，即同核双记、型内同方、型间反方。

4. 避免逻辑误区

2+2 核型账户式分录的逻辑误区同 1+2 核型账户式分录及 2+1 核型账户式分录的逻辑误区，即型内不是同方、型间不是反方。

4.5 微观创新会计

二分法会计的论述只有到了创新式扩展阶段，我们才有可能看到做分录要坚持固定核序、一目双记、记账规则及避免逻辑误区 4 个记账原则的原因。

为了双核式记账法的创新式扩展，我们摒弃包括权益核和形式核在内的全部概念型核。双核式记账法的创新式扩展包括微观创新会计和宏观创新会计两种，本节先讨论微观创新会计。

4.5.1 微观创新的内容

前文说过，传统双核式会计创新式扩展是摒弃包括权益核和形式核在内的全部概念型核之后的新型会计学——二分法会计。微观创新式扩展会计包括微观价值创新会计和微观数量创新会计两个内容。

1. 微观价值创新式扩展会计

微观价值创新式扩展会计是集团公司实在型核中除保留资产核、配置核之外，摒弃包括权益核和形式核在内的其他概念型核。特点是以货币为主要计量单位，属于微观价值创新式扩展会计。

2. 微观数量创新式扩展会计

微观数量创新式扩展会计可以用于企、事业单位，对非资金类事物入账、算账和报账。这种会计也可以是 n 核式会计（$n=1,2,\cdots$），它用实物单位计量，一般可以汇总。

3. 微观创新的因果逻辑

微观创新式会计，包括微观价值创新式会计和微观数量创新式会计，由于摒弃概念型核，其定向因果逻辑关系不复存在。转由总细逻辑关系即总数与细数的逻辑关系代替。

4.5.2 微观价值创新会计

假设集团公司除了设立资产核和配置核两个实在型核外，摒弃概念型核，包括权益核和形式核，构成 2+0 核式会计。2+0 核式会计虽然是双核式会计，但它与传统的 1+1 双核式会计有本质的区别。主要区别如下：

（1）2+0 核式会计摒弃概念型核，消除了实在型核与概念型核的对立统一。

（2）2+0 核式会计摒弃概念型核，从定向因果逻辑转化为总细因果逻辑。

（3）2+0 核式会计虽然也是双核式会计，但它不同于传统的 1+1 双核式会计。尽管核的数量相同，但两者之间有质的飞跃。

4.5.3 微观数量创新会计

微观数量创新会计是在企、事业单位，对不能用货币单位计量的事物改用实物单位计量，而且使用会计账表，进行入账、算账和报账，便可使用微观数量创新会计核算。

例1：某工厂工会为生产工人（不包括管理人员）建账，做法如下：

（1）以每个工人为点，记为 x；全部点组成工人空间，记为 U。

（2）对工人空间 U 按不同原则和方法划分至最小，为个体工人，部分工人构成会计科目：

1）按工人性别把工人空间 U 划分为男、女，构成性别核，记为 W；

2）按工人年龄把工人空间 U 划分为老、中、青，构成年龄核，记为 X；

3）按工人婚姻状况把工人空间 U 划分为已、未，构成婚姻核，记为 Y；

4）按工人工资级别把工人空间 U 划分为初、中、高 3 级，构成级别核，记为 Z。

（3）以每个核的部分工人分别组成会计科目如上（见 1）～4））。

（4）工人空间 U 中 W、X、Y、Z 等核的会计科目系分别用 A、B、C、D 表示。

（5）会计科目系 A、B、C、D 组成 4 维科目向量，记为 (A, B, C, D)，4 核账户式分录向量形如式（4-4）。

4.5.4　4 核数量创新账户式分录

4 核数量创新账户式分录使用 4 核账户式分录向量，形如式（4-4）。做分录时要坚持固定核序、一目双记、记账规则及避免逻辑误区。

例 2：承接例 1，假定该厂平时根据车间记录汇总各类工人的变动数据，每月底记账 1 次。以下例 3～例 6 是 2016 年 4 月 30 日当月车间记录汇总所得的各类工人变动数据。

例 3：4 个工人本月结婚。分录向量如下：

分录 1.（[+| -]，[+| -]，[已 +4 | -]，[+| -]）

分录 2.（[+| -]，[+| -]，[未 +| -4]，[+| -]）

例 4：2 个中年工人本月转入老年。分录向量如下：

分录 1.（[+| -]，[老 +2 人 | -]，[+| -]，[+| -]）

分录 2.（[+| -]，[中 +| -2 人]，[+| -]，[+| -]）

例 5：聘用 3 个男工、未婚、青年、初级。分录向量如下：

（[男 +3 人 | -]，[青 +3 人 | -]，[未 +3 人 | -]，[初 +3 人 | -]）

例6：1个工人退休、女、已婚、中级。分录向量如下：

([女+|−1人],[老+|−1人],[已+|−1人],[中+|−1人])

4.6 宏观创新会计

本节引入宏观创新会计的主要目的，是把双核式记账法的思想和方法扩展至宏观世界，营造宏观大会计，使会计这项伟大的人类非物质文化遗产得以传承、发扬光大。宏观创新会计分为宏观价值创新会计和宏观数量创新会计两类。

4.6.1 宏观创新会计记账原则

宏观创新会计记账原则是：

1．固定核序

固定核序是在分录向量中自行预先确定各核在分录向量各项的顺序，一旦确定，整个会计时期保持不变。

2．一目双记

一目双记见4.3.2。

3．总细相等

总细相等参看下文。

4．避免逻辑误区

避免逻辑误区是做分录时避免出现违背逻辑常理的错误。这点很难规定，要具体问题具体分析。它不像守旧式扩展，可以总结成规律。

4.6.2 宏观价值创新会计

宏观价值创新会计的会计主体是整个行业、整个地区甚至全球的经济实体。这种会计可以是n核式会计（$n=1,2,\cdots$）。它用货币计量，可以汇总金额。

例1：国际金融市场交易总量可做以下4种分类，形成4核式宏观价值创新会计核算。

1. 按交易参与者分类

按交易参与者分类分为传统金融市场（本国居民和非居民）和离岸金融市场（本国非居民之间）两类，简称传、离。

2. 按融通期限分类

按融通期限分类分为短期资金市场（融通期1年以内，含1年）和长期资金市场（融通期1年以上）两类，简称短、长。

3. 按经营范围分类

按经营范围分类分为资金市场、外汇市场、证券市场和黄金市场4类，简称资、外、证、黄。

4. 按交割方式分类

按交割方式分类分为现货市场、期货市场和期权市场3类，简称现货、期货、期权。

宏观价值创新会计的会计时期可以是月份、季度、半年度或年度，每个会计时期记账和报账一次，作为宏观经济分析的重要数据。

利用对国际金融市场交易总量的4种分类，就可用4核式记账法对国际金融市场交易总量进行记账。

4.6.3 宏观数量创新会计

宏观数量创新会计也是整个行业、整个地区甚至全球的会计，它以实物单位计量，一般可以加总。或者设定标准计量实物（例如标准煤），用以把非标准计量实物（例如原油）数量换算为标准计量实物（例如标准煤）数量。

宏观数量创新会计是从价值单位计量转到实物单位计量的会计，是宏观创新会计的深化。

例2：某个国家或地区的人口总量可做以下分类（以下分类及名称纯属虚构）：

（1）地区。内陆、沿海。

（2）民族。民族、少数民族。

（3）语言。主要语言、方言。

（4）文字。主要文字、地方文字。

（5）性别。男、女。

（6）年龄。少、中、老。

（7）职业。工、农、商。

（8）文化。初、中、高。

便可利用 8 核数量创新式记账法记人口账，每年或 5 年更新一次。

4.7 核式分类账

引入多核式记账法的账户式分录向量后，多核式分类账户如何设计就不难了。除了中国古代单核式记账法使用上下两方分类账户外，其他均用多栏式分类账户。

4.7.1 核式分类账的含义

核式分类账的含义包括以下 3 点：

1. 按核开账户

所谓按核开账户，就是核式分类账按每个核、每个会计时期开账户。

2. 多栏式账页

核式分类账采用多栏式账页，每个一级科目设栏。每页的格式由横行和竖栏构成：横叫行、竖叫栏。栏有两种：一种是文字栏，如年月日、凭证字号、摘要等；另一种是金额栏。核式分类账栏的个数专指金额栏个数，不计文字栏个数。

3. 多栏式账簿

多栏式账簿由多栏式账页组装而成。两个金额栏的账簿叫两栏式账簿，例如普通日记账（又叫分录簿），有正方和负方两栏；3 个金额栏的账簿叫 3 栏式账簿，例如现金日记账，有收入、付出和结存 3 栏。以上 2 种账簿不叫多栏式账簿，3 个以上金额栏的账簿才叫多栏式账簿。

4.7.2 核式分类账的设置

本节讨论的核式分类账主要是 3 核式或跨越 3 核式分类账户,它按每个核开户、每个一级科目设栏。以月份、季度、半年或 1 年为会计时期。先过入期初余额,然后根据账户式分录向量过入本期正、负方发生额。到期末利用下列公式计算期末余额:

$$期末余额 = 期初余额 + 本期正方发生额合计 - 本期负方发生额的绝对值合计 \quad (4-5)$$

其中,"本期正方发生额合计 − 本期负方发生额的绝对值合计"下文简称为"本期发生额正负合计"。

4.7.3 2+1 核式分类账

在 2+1 核式分类账的格式中,除上文交代的分类账户的行与栏外,还有账页的正上方写上(或打印、印刷)分类账名称,例如配置核分类账,在左上角写上会计时期,在右上角写上计量单位。

此外,在 2+1 核式分类账中,我们只举例介绍配置核分类账。至于其他两核——资产核和权益核的分类账,按常规财务会计登记丁字式正负两栏分类账(T 型账)或正负余 3 栏式分类账,不另举例。

例 1:根据 4.3 节的例 1 及例 2,补充月初余额数字如下:

北京分部:70 万元;

上海分部:80 万元;

广东分部:50 万元;

海外分部:90 万元;

合计 290 万元。

据此开立配置核分类账,见表 4−1。

表 4－1　配置核分类账

2016 年 4 月　　　　　　　　　　　　　　　　　　　　　　　　　　　单位：万元

月日	证号	摘要	北京 正	北京 负	上海 正	上海 负	广东 正	广东 负	海外 正	海外 负	合计 正	合计 负
1/4		Z1	70		80		50		90		290	
		Z2			50						50	
		Z3								50		50
		Z4					60				60	
		Z3				60						60
30/4		Z5		70	70		110			40	290	
30/4		Z6	70	70	130	130	110	110	90	90	400	400

注 1：月日、证号省略，摘要编码代表的文字如下：
　　Z1——月初余额；
　　Z2——海外总部投入上海分部 50 万元的机器设备；
　　Z3——同上；
　　Z4——上海分部以内部转移价格 60 万元的货车卖给广东分部；
　　Z3——同上；
　　Z5——月末余额；
　　Z6——本月合计。

注 2：本月发生额正负合计，计算如下：
　　北京分部：= 0；
　　上海分部：= +50 万元 +（-60）万元 = -10 万元；
　　广东分部：= +60 万元；
　　海外分部：= -50 万元。
4 分部发生额代数和 = 0 +（-10）万元 + 60 万元 +（-50）万元 = 0。
这表示发生额正负合计 = 0。

注 3：月初余额合计 = 70 万元 + 80 万元 + 50 万元 + 90 万元 = 290 万元；
　　　月末余额合计 = 70 万元 + 70 万元 + 110 万元 + 40 万元 = 290 万元。
这表示余额不变。

4.7.4　1+2 核式分类账

在 1+2 核式分类账中，我们只举例介绍形式核分类账。至于其他两核——资产核和权益核按常规财务会计记分类账，不另举例。

例 2：根据 4.3 的例 3 及例 4，补充月初余额数字如下：

货币形式：-95 万元；

股票形式：-90 万元；

股票形式：-85 万元；

收益形式：-70 万元；

合　　计：-340 万元。

据此开立形式核分类账，见表4-2。

表4-2　形式核分类账

2016年4月　　　　　　　　　　　　　　　　　　　　　　　　单位：万元

月日	证号	摘要	货币		股票		证券		收益		合计	
			正	负	正	负	正	负	正	负	正	负
1/4		Z1		95		90		85		70		340
		Z2		90								90
		Z4								23		23
30/4		Z5		185		90		85		93		453
30/4		Z6	185	185	90	90	85	85	93	93	453	453

注1：月日、证号省略，摘要编码代表的文字如下：

　　Z1——月初余额；

　　Z2——某公司以90万元支票投资入本集团公司公司（正方是银行存款，省略）；

　　Z4——月终把本月净收入23万元结转利润（正方是销售收入，省略）；

　　Z5——月末余额；

　　Z6——本月合计。

注2：本月发生额正负合计，计算如下：

　　货币形式=-90万元；

　　股票形式=0；

　　证券形式=0；

　　收益形式=-23万元。

4分部发生额正负合计=-90万元+（-23）万元=-113万元。

这表示发生额正负合计为：-113万元。

注3：月初余额合计=-95万元-90万元-85万元-70万元=-340万元；

　　　月末余额合计=-185万元-90万元-85万元-93万元=-453万元。

这表示余额增加=-453万元-（-340）万元=-113万元。

4.7.5　4核数量创新式分类账

上文我们讨论了2+1及1+2的3核式分类账,都是保留概念核的双核式记账法守旧式扩展。但是核式分类账既可用于跨越3核价值守旧式会计,更可用于跨越3核数量创新式会计。

例3:运用4.4节例3—例6的数据,补充期初余额资料,便可以月份为会计时期,以人为记账单位,分别为性别、年龄、婚姻、级别4核开立多栏式分类账户(见下面表4-3至表4-6)。

期初余额资料如下:

性别核期初余额:男710人,女500人,合计1210人;

年龄核期初余额:中830人,青370人,老10人,合计1210人;

婚姻核期初余额:已820人,未390人,合计1210人;

级别核期初余额:初830人,中370人,10人,合计1210人。

(1)性别核分类账见表4-3。

表4-3　性别核类账

2016年度4月份　　　　　　　　　　　　　　　　　　　　　单位:人

月日	证号	摘要	男		女		合计	
			正	负	正	负	正	负
		Z1	710		500		1210	
		Z2	3				3	
		Z4				1		1
		Z5		713		499		1212
		Z6	713	713	500	500	1213	1213

注1:月日、证号省略,摘要编码代表的文字如下:

　　Z1——月初余额;

　　Z2——新聘用3个男工、未婚、青年、一级;

　　Z4——1个工人退休、女、已婚、中级;

　　Z5——月末余额;

　　Z6——本月合计。

注2:本月性别核发生额正负合计。计算如下:

　　男发生额合计=+3人;

女发生额合计 = -1 人；

本月性别核发生额正负合计 = +3 人 + (-1) 人 = +2 人。

注3：月初余额合计 = 710 人 + 500 人 = 1210 人；

月末余额合计 = 713 人 + 499 人 = 1212 人。

验证会计方程：月初余额合计 + 本月发生额正负合计 = 月末余额合计：

1210 人 + 2 人 = 1212 人。

（2）年龄核分类账见表 4 - 4。

表 4 - 4　年龄核分类账

2016 年 4 月　　　　　　　　　　　　　　　　　　　　　　　　单位：人

月日	证号	摘要	青		中		老		合计	
			正	负	正	负	正	负	正	负
		Z1	830		370		10		1210	
		Z2				2				2
		Z3					2		2	
		Z4	3						3	
		Z7						1		1
		Z5		833		368		11		1212
		Z6	833	833	370	370	12	12	1215	1215

注1：月日、证号省略，摘要编码代表的文字如下：

Z1——月初余额；

Z2——2 个中年工人本月转入老年；

Z3——同上；

Z4——新聘用 3 个男工、未婚、青年、初级；

Z7——1 个工人退休、女、已婚、中级；

Z5——月末余额；

Z6——本月合计。

注2：本月年龄核发生额正负合计。计算如下：

青年发生额合计 = +3 人；

中年发生额合计 = -2 人；

老年发生额合计 = +2 人 + (-1) 人 = +1 人。

本月年龄核发生额正负合计 = +3 人 + (-2) 人 + 1 人 = +2 人。

注3：月初余额合计 = 830 人 + 370 人 + 10 人 = 1210 人；

月末余额合计 = 833 人 + 368 人 + 11 人 = 1212 人。

验证会计方程：月初余额合计 + 本月发生额正负合计

= 月末余额合计：

1210 人 + 2 人 = 1212 人。

(3) 婚姻核分类账见表 4-5。

表 4-5 婚姻核分类账

2016 年 4 月　　　　　　　　　　　　　　　　　　　　　　　　单位：人

月日	证号	摘要	已 正	已 负	未 正	未 负	合计 正	合计 负
		Z1	820		390		1210	
		Z2			3		3	
		Z4		1				1
		Z7	4				4	
		Z3				4		4
		Z5		823		389		1212
		Z6	824	824	393	393	1217	1217

注 1：月日、证号省略，摘要编码代表的文字如下：
　　Z1——月初余额；
　　Z2——新聘用 3 个男工、未婚、青年、初级；
　　Z4——1 个工人退休、女、已婚、中级；
　　Z7——4 个工人本月结婚；
　　Z3——同上；
　　Z5——月末余额；
　　Z6——本月合计。

注 2：本月婚姻核发生额正负合计。计算如下：
　　已婚发生额合计 = +4 人 + (-1) 人 = +3 人；
　　未婚发生额合计 = +3 人 + (-4) 人 = -1 人；
　　本月婚姻核发生额正负合计 = +3 人 + (-1) 人 = +2 人。

注 3：月初余额合计 = 820 人 + 390 人 = 1210 人；
　　月末余额合计 = 823 人 + 389 人 = 1212 人。
　　验证会计方程：月初余额合计 + 本月发生额正负合计
　　　　= 月末余额合计：
　　　　　1210 + 2 = 1212。

(4) 级别核分类账见表 4-6。

表 4-6 级别核分类账

2016 年度 4 月份　　　　　　　　　　　　　　　　　　　　　　　　　　单位：人

月日	证号	摘要	初		中		高		合计	
			正	负	正	负	正	负	正	负
		Z1	430		750		30		1210	
		Z2	3						3	
		Z4				1				1
		Z5	433		749		30		1212	
		Z6	433	433	750	750	30	30	1213	1213

注1：月日、证号省略，摘要编码代表的文字如下：
　　Z1——月初余额；
　　Z2——新聘用 3 个男工、未婚、青年、初级；
　　Z4——1 个工人退休、女、已婚、中级；
　　Z5——月末余额；
　　Z6——本月合计。
注2：本月级别核发生额正负合计。计算如下：
　　初级发生额合计 = +3 人；
　　中级发生额合计 = -1 人；
　　高级发生额合计 = 0。
　　级别核发生额正负合计 = +3 人 + (-1) 人 = +2 人。
注3：月初余额合计 = 430 人 + 750 人 + 30 人 = 1210 人；
　　月末余额合计 = 433 人 + 749 人 + 30 人 = 1212 人。
　　验证会计方程：月初余额合计 + 本月发生额正负合计
　　　　　　　　 = 月末余额合计：
　　　　　　　　　1210 人 + 2 人 = 1212 人。

4.8　创新式余额

经过上节对 6 个多栏式分类账户实际操作，我们发现，在创新式扩展多核式记账法中，发生额和余额的关联值得关注。本节我们再来研究创新式扩展多核式记账法中余额函数及余额函数对发生额的依赖关系。

4.8.1　创新式扩展余额函数的设置

创新式扩展余额函数按创新式扩展的每个核开设多栏式账户，按该核

每个会计科目 m 设栏，每个会计时期根据分类账户的记录加总发生额一次。加总发生额时正方金额取正数、负方金额取负数，最后得出的代数和就是本期发生额正负合计。公式如下：

$$本期发生额正负合计 = 正方发生额合计 - 负方发生额的绝对值合计 \quad (4-6)$$

例子见上节。

4.8.2　创新式扩展余额函数的计算

创新式扩展余额函数按每个会计科目 m 设置、每个会计时期末利用本期发生额正负合计计算一次。计算公式如下：

$$会计科目\ m\ 期末余额 = 会计科目\ m\ 期初余额 + 本期发生额正负合计 \quad (4-7)$$

例子见上节。

4.8.3　创新式扩展余额函数的性质

创新式扩展多核式记账法中余额函数具有以下性质：

1. 非负性

非负性是创新式扩展余额的最大特点。因为创新式扩展的会计科目不论是价值单位计量还是实物单位计量，它反映的都是真实的事物，不会像普通财务会计应收账款多收、应付账款多付、银行透支或存货盘亏那样产生红字余额。

2. 依赖性

创新式扩展余额可以完全依赖发生额得到，即利用公式"期末余额 = 期初余额 + 本期发生额正负合计"计算。最后一项是一个代数和，即发生额增减净额的合计。

3. 延续性

创新式扩展余额的计算上承上期期末余额为期初余额，本期期末余额又下接下期期初余额，一个一个会计时期地延续下去。

4. 一致性

一致性是同核各科目的余额（包括期初余额和期末余额）和发生额增减净额的总数相同。以 4.7.4 例 3 的数字为例，性别、年龄、婚姻、级别 4 个核的期初余额总数都是 1210，4 个核的期末余额总数都是 1212，发生额增减净额合计都是 2。

4.8.4 创新式扩展核式科目余额表

创新式扩展余额函数提供各核期末余额，每会计时期每会计科目提供一次。每会计时期先对每个核会计科目的期初余额加总一次，再加减正负发生额后每个核各会计科目的期末余额又再加总。以此制成科目余额表，成为微观或宏观经济主体实物或价值的总量的会计报表，定期上报有关部门。创新式扩展核式会计科目余额表的格式承接上节例子介绍如下（见表 4-7）：

表 4-7　工人情况分布表

年度：2016　月份：4　　　　　　　　　　　　　　计量单位：人

项目	性别核		年龄核			婚姻核		级别核			合计
	男	女	青	中	老	已	未	初	中	高	
月初	710	500	830	370	10	820	390	430	750	30	1210
增加	3		3		2	4	3	3			
减少		1		2	1	1	4		1		① 2
月末	713	499	833	368	11	823	389	433	749	30	1212

注1：① = 增减合计

注2：年龄划分：
　　　30 以下，青；
　　　30~50，中；
　　　50 以上，老。

注3：级别划分：
　　　学徒~2级，初；
　　　3~5级，中；
　　　6级及以上，高。

注4：本月工人净增加2人，其中：

性别核：男[+3人+(-1)人]，增减合计+2人；

年龄核：青[+3人]+中[(-2)人]+老[+2人+(-1)人]，增减合计+2人；

婚姻核：已婚[+4人+(-1)人]+未婚[+3人+(-)4人]，增减合计+2人；

级别核：初级[+3人]+中级[(-1)人]，增减合计+2。

增减合计：性别核{男[+3人+(-1)人]}

　　　　　= 年龄核{青[+3人]+中[(-2)人]+老[+2人+(-1)人]}

　　　　　= 婚姻核{已婚[+4人+(-1)人]+未婚[+3人+(-)4人]}

　　　　　= 级别核{初级[+3人]+中级[(-1)人]}

　　　　　= +2人。

表示4核增减合计相等。

第 5 章　传统会计回顾

本章目的：回顾自人类社会因生产发展、管理需要和剩余劳动出现需要记账以来，传统会计的沧桑历程，以及对拓扑会计学和二分法会计的萌生与发展对今后会计科学进一步现代化所起的作用做一小结。因为是小结，所以可能与第一至四章的内容重复。

5.1　从单式到双式

传统会计的思想和方法经历过众人的、长期的实践到认识的过程。伴随着认识过程的完善，传统会计记账方法又经历了从单核式记账到双核式记账的过程。

在这个过程中间，从单核式记账到双核式记账是量变，从双核式记账到拓扑会计学和二分法会计是质变。

5.1.1　无核单方记账阶段

自从人类社会出现记账以来，记账方法经历了从无核到单核、从单方到双方、从单式到双式和从单核到双核的演变。

1．无核记账阶段

人类在原始社会，记账主体是自然人、自然形成的庄园或部落；记账载体是木板、砂土或石块。记账只是对部分财富——采摘物和猎获物做出记录，而对其余财富——木屋、石洞和工具等不做出记录。

根据核是对记账主体全部财富划分至最小而成的思想，这个阶段属于无核记账。

2．单方记账阶段

人类在原始社会，记账科目是采摘猎获物的图像，木板、砂土或石块就是账户；在木板、砂土或石块上刻上采摘猎获物的图像就是账户名称。当时数码还未出现，只是在账户上刻上条纹，以条纹的数量表示实物的数量。

记账的特点是无核单方记账，即采摘猎获物账户只有收进记录没有付出记录，亦即没有在账户——木板、砂土或石块上刻上一条界线，界线的一边记录收进，另一边记录付出，而是收进记录与付出记录合二为一，都记在同一地方上。

收进时在账户上刻一条纹，付出时在条纹上刻一记号表示注销，采摘猎获物的库存量就是没有注销记号的条纹数。

5.1.2　单核双方记账阶段

人类转入奴隶社会，出现庄园经济。国家出现后，又有官厅会计。加上造纸和文字的发明以及数码符号的出现，从象形符号记账转化为数码和文字记账。

记账主体是庄园、钱庄和官厅等经济实体。这时记账出现两大变化：

1. 从无核到单核

首先是经济实体的全部财富除采摘猎获物外，还有奴隶、牲畜、木屋、石洞和工具等。经济实体按全部财富的实际存在形态划分至最小为点，形成实在核。

2. 从单方到双方

把实在核的点分类成为科目，每个科目设置账户；每个账户分设收、付两方；收方在上、付方在下；财富的收进记在收方，财富的付出记在付方。

这个阶段最大特点是实物单位计量，不同实物单位不能相加，因此实在核之下不能划分为会计要素。

5.1.3　单核双式记账阶段

单核双式记账阶段是货币出现尤其是货币作为储存手段和交换媒介之后，会计对经济实体涉及货币资金或应付款、应收款的经济业务，做双重记录（即双式记账）。因此，经济实体的经济业务分两类：

1. 涉及货币资金或应付款、应收款的经济业务

这类经济业务具有二重性：一方面是经济业务的结果，另一方面是经济业务的原因。例如，用货币资金购买存货，一方面是记录收进存货（结果），另一方面是记录付出货币（原因）；而当购买存货但未付款时，一方面是记录收进存货（结果），另一方面是记录应付款增加（原因）。

2. 不涉及货币资金或应付款、应收款的经济业务

对这类经济业务则只在一个科目的一方记账（收进一批采摘的农作物），而不在另一方记账（引起存货收进的原因）。

这种部分双式记账的方法，我们称之为半双式记账法。这个阶段的特点是以货币为主要计量单位，不同实物单位的财富使用统一货币单位计量。不同会计科目的金额可以相加，从而实在核之下可能划分会计要素，且具有一定程度的平衡关系。

5.1.4 双核双式记账阶段

双核双式记账阶段是在生产充分发展，市场竞争日趋激烈的背景之下，各经济实体要求会计界人士加强其核算和监督职能，促成实在核到概念核的转化及权益核的形成，这是客观条件。

面对这些客观条件，会计界人士的思维产生三大飞跃：

1. 先以实在核为结果

这个阶段会计界人士先以实在核为结果，去探索经济实体资金增减变化的原因，从而对经济实体资金按使用形态划分至最小，即点，构成第一个实在型核资产核。

2. 找出作为原因的概念核

概念核是会计界人士为了在资产核增减变化的结果中寻觅原因，对经济实体资金按所有权属划分至最小为点，构成第一个概念型核——权益核。

资产属于客观存在，权益属于主观概念；权益核属于资金来源，资产核属于资金运用；把资金运用比喻为饮水（实在），资金来源就是思源

（概念）。

权益核的形成不但是半双式记账到全双式记账的量变，而且是半双式记账跳跃到双核式记账的质变。

3．确立会计学对立统一体

权益核的形成进一步使实在型核与概念型核的对立统一体确立起来，成为会计学理论的基石。这个对立统一体的一个具体方面，就是二分法会计揭秘的定向因果逻辑。

定向因果逻辑是传统会计记账理论、记账方法的指导思想。

5.2　从双核到多核

拓扑会计学引入双核会计空间结构，使双核式记账法守旧式扩展到3核式记账法乃至跨越3核式记账法畅通无阻，3核式乃至跨越3核式创新式扩展也不成问题。

5.2.1　述语的引入

为了方便讨论双核式记账法的扩展，我们先行引入一些述语。分为以下3类：

1．各种型核

（1）实在型核。实在型核是按人类在经济管理实践中感觉到的实在事物形态，对经济实体的资金划分至最小的原则和方法。例如，按资金使用形态划分的资产核、按资源配置划分的配置核。

（2）概念型核。概念型核是按人类在经济管理中认知到的概念事物，对经济实体的资金划分至最小的原则和方法。例如，按资金所有权属划分的权益核、按资金投入形式划分的形式核。

（3）结果型核。实在型核在定向因果逻辑中反映经济实体资金运用的结果，在定向因果关系分析中称为结果型核。

（4）原因型核。概念型核在定向因果逻辑中反映经济实体资金来源的原因，在定向因果关系分析中称为原因型核。

2. 各式扩展

（1）守旧式扩展。双核式记账法守旧式扩展指保留资产核和权益核之外，增加至少 1 个实在型核或概念型核的扩展。因为扩展后定向因果关系不变，故称守旧式扩展。

（2）创新式扩展。双核式记账法创新式扩展指不保留权益核及其他概念型核，保留资产核及增加至少 1 个其他实在型核的扩展。因为这种扩展摒弃"旧制度要保留"的要求，故称创新式扩展。

（3）总细因果逻辑。创新式扩展由于拼弃概念型核，结果消除了客观实在与主观概念的矛盾，定向因果逻辑变成总细因果逻辑（总数与细数的关系）。

3. 各种关系

（1）内容与形式。总细关系有时表现为内容与形式的关系、内容与形式互为因果。例如，某地某年人口统计，结果是增加 8900 人。分析其原因不外是出生人口增多、婴儿成活率增加、成年人死亡率降低、老人寿命延长等；反过来，后者那些原因也可以是结果，形成这些结果的原因是人口增加 8900 人。

（2）部分和全部。总细关系有时表现为部分和全部的关系、部分和全部互为因果。有时结果是全部，分析其形成原因是部分。一方面，全部人口增加是结果；另一方面出生人口增多、婴儿成活率增加、成年人死亡率降低、老人寿命延长等部分是原因；反过来，也可以把那些部分看成结果，形成这些结果的原因是全部人口增加。

（3）结构和整体。总细关系有时表现为结构和整体的关系、结构和整体互为因果。有时整体是原因，结构是结果。例如，因为今年职工人数大量增加（整体），导致职工组成有很大变化（结构）；反过来职工结构有很大变化也可以是原因，例如农民工比例增加（原因），导致职工人数大量增加（结果）。

5.2.2　守旧式扩展

按上文规定，双核式记账法守旧式扩展有以下 3 种情况：

1. 只有实在型核扩展，概念型核不扩展

结果双核式记账法扩展为 $n=(u+1)+1$ 核式记账法，正整数 $u\geq 1$。

例1：实在型核包括2个核，概念型核只有权益核，构成 $n=2+1=3$ 核式记账法。经济实体的资金用3套原则和方法划分：

（1）经济实体的资金按使用形态划分，构成资产核；

（2）经济实体的资金按资源配置划分，构成配置核；

（3）经济实体的资金按所有权属划分，构成核权益。

2. 实在型核不扩展，只有概念型核扩展

结果双核式记账法扩展为 $n=1+(v+1)$ 核式记账法，正整数 $v\geq 1$。

例2：实在型核只有资产核，概念型核扩展1个形式核，构成 $n=1+2=3$ 核式记账法。经济实体的资金用3套原则和方法划分：

（1）经济实体的资金按使用形态划分，构成资产核；

（2）经济实体的资金按所有权属划分，构成权益核；

（3）经济实体的资金按投入形式划分，构成形式核。

3. 两者兼有

两者兼有就是实在型核扩展，概念型核也扩展。结果双核式记账法扩展为 $n=(u+1)+(v+1)$ 核式记账法，正整数 $u,v\geq 1$。

例3：若1.、2.两者兼有，则构成 $n=2+2=4$ 核式记账法。

5.2.3 创新式扩展

按5.2.1规定，双核式记账法创新式扩展结果只有1种情况，即扩展为 $n=(u+1)+0$ 核式记账法，正整数 $u\geq 1$，$n=2,3,\cdots$。

例4：国际金融市场交易总量可按交易参与者、按融通期限、按经营范围和按交割方式作4种分类，形成4核式价值会计核算。

参看4.6.2例1。

5.3 从微观到宏观

双核式记账法创新式扩展包括两个方面：从货币为主要计量单位扩展到以实物数量为主要计量单位，以及从微观管理实体扩展到宏观管理实体。

5.3.1 从价值到物量

从货币单位计量记账到实物单位计量记账是双核式记账法创新式扩展的大胆尝试。这样做好像又回到人类社会出现记账的起点——实物单位计量记账阶段。

但是记账思想和记账方法升级的轨迹是以螺旋形阶梯曲线展开的，每旋转一圈记账思想和记账方法就提升至一个新的高度，而不是原地踏步、惰性循环。

在矛盾统一规律制约下，记账中的因果关系逐层阶梯上升，记账思想和记账方法不断从量变到质变。这种情况可用螺旋形阶梯曲线来描述：

在空间直角坐标系 $Oxyz$ 中，螺旋形阶梯曲线是这样展开的：

第0层。从坐标原点（0, 0, 0）出发，沿 z 轴以顺时针方向旋转量变。到达（0, 0, 0）的上方（0, 0, 1）处，进入第1层质变。因果关系是0层的因结1层的果。

第1层。从坐标点（0, 0, 1）出发，沿 z 轴以顺时针方向旋转"量变"。到达（0, 0, 1）的上方（0, 0, 2）处，进入第2层"质变"。因果关系是1层的因结2层的果。

第2层。从坐标点（0, 0, 2）出发，沿 z 轴以顺时针方向旋转"量变"。到达（0, 0, 2）的上方（0, 0, 3）处，进入第3层"质变"。因果关系是2层的因结3层的果。

第 n 层。从坐标点（0, 0, n）出发，沿 z 轴以顺时针方向旋转"量变"。到达（0, 0, n）的上方（0, 0, $n+1$）处，进入第 $n+1$ 层"质变"。因果关系是 n 层的因结 $n+1$ 层的果。

5.3.2 从微观到宏观

双核式记账法的记账主体从微观到宏观的最大变化,是记账方法从实在型核与概念型核的对立统一转到总数与细数的对立统一;从概念型核为因与实在型核为果的定向因果关系演变成为总数与细数的互为因果。

双核式记账法从为微观管理实体服务到为宏观管理实体服务的扩展是双核式记账法创新式扩展的最大飞跃,这种扩展又分为价值型扩展和物量型扩展,后者在5.3.3讨论。

例1:承接4.6.2的例1(本例年份、数字纯属虚构)。

国际金融市场交易总量表如下(见表5-1):

表5-1 国际金融市场交易总量表

时期:2016年 单位:亿元

科　　目	期初余额	本期增加	本期减少	期末余额
传　　统	100800	4500	33600	71700
离　　岸	377200	45500	1000	421700
参与合计	478000	50000	34600	493400
短　　期	266000	12500	30600	247900
长　　期	212000	37500	4000	245500
期限合计	478000	50000	34600	493400
资　　本	122000	30000	30000	122000
外　　汇	169000	12000	2000	179000
证　　券	175000	7000	1000	181000
黄　　金	12000	1000	1600	11400
范围合计	478000	50000	34600	493400
现　　货	123000	12000	15000	120000
期　　货	250000	25000	11000	264000
期　　权	105000	13000	8600	109400
交割合计	478000	50000	34600	493400

注1:本例所用表格是年度报表,见表5-1。表5-1是静态报表,平衡关系是:
期初余额+本期增加=本期减少+期末余额。

总额平衡关系是：478000 亿元 + 50000 亿元 = 34600 亿元 + 493400 亿元。

注2：在总细关系中总是果细是因。本例4个核的总细关系是（多因1果）：

(1) 年初国际金融市场交易总量 478000 亿元（总数），各核细数如下（单位：亿元）：

参与核：传统 100800，离岸 377200；
期限核：短期 266000，长期 212000；
范围核：资本 122000，外汇 169000，证券 175000，黄金 12000；
交割核：现货 123000，期货 250000，期权 105000。

(2) 年度国际金融市场交易总量增加 50000 亿元（总数），各核细数如下（单位：亿元）：

参与核：传统 4500，离岸 45500；
期限核：短期 12500，长期 37500；
范围核：资本 30000，外汇 12000，证券 7000，黄金 1000；
交割核：现货 12000，期货 25000，期权 13000。

(3) 年度国际金融市场交易总量减少 34600 亿元（总数），各核细数如下（单位：亿元）：

参与核：传统 33600，离岸 1000；
期限核：短期 30600，长期 4000；
范围核：资本 30000，外汇 2000，证券 1000，黄金 1600；
交割核：现货 15000，期货 11000，期权 8600。

(4) 年末国际金融市场交易总量 493400 亿元（总数），各核细数如下（单位：亿元）：

参与核：传统 71700，离岸 421700；
期限核：短期 247900，长期 245500；
范围核：资本 122000，外汇 179000，证券 181000，黄金 11400；
交割核：现货 120000，期货 264000，期权 109400。

注3：在总细关系中也可以总是因，细是果，即互为因果。参看 5.2.1 中的 3. 各种关系。

5.3.3 物量型扩展

在双核式记账法创新式扩展中，物量型扩展比价值型扩展应用更广、作用更大。下面举例说明。

例2：承接 4.6.3 的例2（本例国家、时期、人口及注解纯属虚构）。

国家人口变化表如下（见表 5-2）：

表 5-2 国家人口变化表

时期：2016 年　　　　　　　　　　　　　　　　　　　　　　　　　单位：千人

科　目	期初余额	本期增加	本期减少	期末余额
内　陆	908	45	10	943
沿　海	3872	455	336	3991
地区合计	4780	500	346	4934
主　要	2660	125	306	2479
少　数	2120	375	40	2455
民族合计	4780	500	346	4934
主　要	2880	300	300	2880
方　言	1900	200	46	2054
语言合计	4780	500	346	4934
主　要	4600	400	330	4670
地　方	180	100	16	264
文字合计	4780	500	346	4934
男　性	2500	260	180	2580
女　性	2280	240	166	2354
性别合计	4780	500	346	4934
幼少年	1080	181	46	1215
青中年	2900	149	170	2879
老　年	800	170	130	840
年龄合计	4780	500	346	4934
农　业	1780	200	100	1880
工　业	1200	180	180	1200
其　他	1800	120	66	1854
职业合计	4780	500	346	4934
初　等	2780	150	250	2680
中　等	1200	270	50	1420
高　等	800	80	46	834
文化合计	4780	500	346	4934

注1：本例所用表格是年度报表，见表5-2。表5-2是静态报表，平衡关系参看例1。

注2：幼少年20岁以下；
　　　青中年20～60岁；
　　　老年60岁以上。

注3：其他职业包括：
　　　商业、信息物流业；
　　　金融、服务业；
　　　文化、艺术业；
　　　学龄前儿童、学生；
　　　军人、公务员；
　　　失业、退休及其他。

注4：初等文化包括：
　　　学龄前儿童及小学生；
　　　高等文化包括：
　　　大专、本科及研究生。

注5：本例的因果关系是总细关系，总数为果，细数为因；也可以总是因，细是果，即互即互为因果。参看例1，从略。

5.4　二分法会计小结

二分法是唯物辩证法核心——对立统一规律的简称，因果逻辑关系是对立统一规律的5对基本范畴之一——原因和结果。

二分法会计是以对立统一规律为核心，因果逻辑关系为主导的一门理论会计学。本章5.1～5.3节已给出二分法会计的归纳，本节最后对二分法会计主要观念做一小结。

5.4.1　返璞归真

自然是最清纯、最真美、最安详的范畴，其对立面是造作。所谓造作，是指经过人类加工、利用或改造的事物。改造自然曾经是人类的豪言壮语，其结果却是人类自己要承受环境污染、自然灾害和经济过度高速发展带来的隐忧。

进入19世纪，人们才逐渐认识到，返璞归真可能是唯一出路。表现在：

1. 机械自动化阶段

人类早在机械自动化阶段就懂得从最简单、最原始的方面去模拟人的动作和思维。发现上下、高低、开关、是非、对错、真假、美丑、正反、正负等都是最简单、最原始的机械代替人工的二分法配对，而这些配对正是机械人最擅长的简单动作。

通过这些最简单、最原始的开关动作复合、组合或串联、并联，机械人便能做出比较复杂的模拟动作。

2. 数字自动化阶段

进入数字自动化阶段，人类又懂得所有这些上下、高低、开关、是非、对错、真假、美丑、正反、正负等均可用二进制数 0、1 代替，于是在自动化领域数字技术代替模拟技术。随着半导体的出现，人们发现当电流从一边通过半导体二极管是通的，从另一边通过半导体二极管电流是不通的。这样把所有整数、小数，有理数或无尽循环小数都可以先化成二进制数 0、1，再利用电子计算机施行各种二进制数运算。至于无理数或无尽不循环小数，则取其足够精确度的近似值。

3. 在拓扑会计学中

在 2014 年面世的拓扑会计学中，一借多贷、多借一贷或多借多贷分录都先用辗转相减法[4]分解成一借一贷分录，以方便电子计算机操作。

因为复式记账法发明初期分录都是一借一贷的，一借多贷、多借一贷或多借多贷分录是后期才常用，所以辗转相减法这种化繁为简的创意也属于返璞归真，回到 1494 年之前。

4. 在二分法会计中

在二分法会计中，在讨论复式记账法创新式扩展时使用按核开户的多栏式分类账。进一步把上述分解分录的创意上升至账户式分录向量（参看 3.6）。

这就有点回到古代单核式记账时代的味道和返璞归真的感觉。

5.4.2 定向因果逻辑

定向因果逻辑是作者给美国同行关于复式记账法背后隐藏的二分法逻

辑是什么问题的答案，作者把这个答案写成《二分法会计》一书，即本书。在本书中作者把因果逻辑分为以下几个阶段。

1. 单核式记账阶段

在单核式记账阶段，二分法逻辑表现为"一目双记"，即每个会计科目都在收、付两方做双重记录。具体来说：

（1）记账密度最密是一天，最疏是一个会计时期。记账时间是该天或该会计时期结束之后瞬间。

（2）如果该天或该会计时期发生的经济业务涉及某个科目不止一次，就要汇总其数量或数值入账。

（3）汇总工作要收付两方各自加总分开入账，而不是以其差额一次入账，以便保留科目发生额。

（4）在这个阶段的因果逻辑表现为互为因果——收付互为因果：有时收到财物是结果，付出财物是原因，例如收到物料是结果，其原因是付出银两或应付款增加；有时则相反，收到银两或应收款增加是结果，其原因是出售物料。

2. 双核式记账阶段

在双核式记账阶段，因果逻辑表现为定向因果逻辑，即因果关系定向于实在型核是结果，概念型核是原因。具体来说：

（1）增加为正，减少为负；

（2）实在型核为正，概念型核为负；

（3）实在型核增加为正（正正为正），概念型核增加为负（负正为负）；

（4）实在型核减少为负（正负为负），概念型核减少为正（负负为正）。

3. 创新式扩展阶段

在创新式扩展阶段，因果逻辑关系表现为总细关系——总数与细数互为因果：有时是总数为果、细数为因；有时是总数为因、细数为果。

不难看出，以上三个阶段因果逻辑关系的改变历程为：互为因果→定向因果→互为因果，呈返璞归真态势。

严格来说，这是由世界大多事物的内在联系，事物内在的运动、变化和发展形成的。

5.4.3 主次关系

二分法会计不但运用二分法的对立统一规律思想、返璞归真观念和因果逻辑推理，而且在记账思想、记账方法中做到：在众多的矛盾中抓住主要矛盾，在主要矛盾中抓住矛盾的主要方面。

做到思想上抓关键，方法上抓重点。主要表现如下：

1. 单核式记账阶段

单核式记账阶段主要矛盾是"半"复式记账中出现的溢缺，即收到的财物与付出的财物数量或价值不相等；而矛盾的主要方面则是人们的思维跟不上。

人们以这个主要矛盾为关键，其主要方面为重点，创立权益归属的概念，达致首个概念型核——权益核的产生。

2. 双核式记账阶段

双核式记账阶段主要矛盾是实在型核与概念型核的对立统一，非主要矛盾是各种总细关系。

包括分类账户的总细关系、会计科目的总细关系、会计要素的总细关系。尽管如此，我们还是重点放在实在型核与概念型核的对立统一。

3. 创新式扩展阶段

创新式扩展阶段不再保留概念型核，使实在型核与概念型核的对立统一消除，主要矛盾转移至各种各样的总细关系。因果关系从定向因果转化成互为因果。

第6章 财务会计前瞻

本章目的：通过上章对传统会计沧桑历程的小结，结合当前社会经济和科学技术发展的大环境，以及财务会计与管理会计的关系，对财务会计未来发展做出估计和提供决策建议。

6.1 在逆境中求发展

21世纪是互联网充分发展的时代，互联网的技术支持是计算机科学，计算机科学的基础理论是哲学和数学。

21世纪的大环境是互联网主导、电脑代替人脑、机器代替人。在这种大环境下，财务会计界应在逆境中求发展。

6.1.1 优化财务会计的职能

财务会计界要在逆境中求发展，首先要优化财务会计的职能。需要优化的财务会计职能是以下3大职能：

1. 核算职能

核算职能即入账、算账和报账，亦即对外会计，又叫反映职能。

2. 监督职能

因为财务会计是对外会计，所以财务会计对外披露的信息要求充分、合法、公正和符合公认的会计准则，尤其是入账环节要把好会计信息的准入关——有书面凭证，坚决杜绝贪腐之风。

3. 参谋职能

财务会计人员要做管理高层的参谋，在管理高层不懂财务会计的情况下尤其如此。因为管理高层做出业务决策时往往是依据收付实现制原则，进行订货决策、成本决策和价格决策，往往与财务会计的权责发生制原则有差异。因此,管理高层的期望成本、期望收入和期望利润往往与财务会计得出的核算结果有出入。所以财务会计人员要参与管理高层的财务预测和决策,没有专职管理会计人员或另设管理会计部门的单位尤其如此。

最后,财务会计人员还要为自己的管理会计拍档提供有用的财务会计信息。

6.1.2 学习电脑和编程

财务会计界要在逆境中求发展,还要学习电脑和编程。应该坚持一条真理:实践出真知。实践要自身经历,尽量不以人家的实践为己用。

电脑软件和机械人是以其设计者的实践上升到理论,并利用其高智商而设计。电脑软件和机械人的智商有限,至少低于其设计者的智商。

有条新闻令人深思:某机构计划提供一种惠民服务,但需求人多供应量少。为公平、公正起见,该机构花钱请软件开发商设计一个筛选软件,要求在筛选软件中装配一套验证码。这套验证码很难通过,只有通过的人才能享受这种服务。后来软件开发商抄袭一个网络游戏桥段进行验证码设计,草率交货了事。结果玩过这种网络游戏的人轻松过了验证码关,获得服务;未玩过这种网络游戏的人,则极少过关,基本上得不到这个机构的服务。

这个结果违背了该机构定制筛选软件的原意,就是公平、公正。真是赔了夫人又折兵,付出金钱多,得到的教训大。

当前财务会计人员大多使用会计软件记账,但要在学好会计学、熟练掌握人工操作会计的基础上,学以致用。努力做到:

1. 学好会计原理,熟练手工操作

操作电脑的人,要做电脑的主人,不做电脑的奴隶。据说有一个负责烹饪的机械人,工多艺熟,逐渐学会自创菜式。后来机械人自创了一种新菜式,这种新菜式不适合人类食用。幸好被操作人员发现,及时停机维修。我们财务会计人员就是要做到这个操作人员一样,不做机械人的奴隶。

2. 学好电算原理,熟练电脑操作

使用电脑不能只会操作，要在学好电算原理基础上。管理工作也是劳动，而劳动者最聪明。劳动者的实践要上升到理论，就要学好电算原理。

3．学会程序设计，编制辅助软件

会计自动化除了记账软件外，还需要一些辅助软件，如购货、仓储、生产、耗料、工资、费用、成本、销售和利润等辅助软件。

当然，这些软件市场有现货供应，但有时不适合会计主体的具体情况。这就需要会计人员学会编制一些辅助软件，或对现货辅助软件做出修改，以适合会计主体的需要。

6.1.3 同机器赛跑

在当前经济低迷、找工作难的大环境下，正在掀起机器代替人工的热潮。我们不应反对，因为这是历史潮流；也反对不了，因为不能以卵击石。

1．机器代替人工

且看机器代替人工的热潮：

（1）机械人搞生产，生产自动化；

（2）机械人为自然人服务，服务工作自动化；

（3）银行自动柜员机，存款取款自动化；

（4）购物中心、公园、游乐场、停车场，售票、收费自动化；

（5）家务劳动、做饭和清洁卫生自动化；

（6）写作小说、写科技论文、媒体写新闻报道自动化。

2．一些现代人的矛盾

面对自动化的热潮，有些现代人很矛盾。表现在：

（1）既想有份工作做，又想享受自动化；

（2）既想工资高，又想物价降；

（3）既想不用努力读书，又想将来高薪厚职；

（4）既想高收入，又想少交税。

这些想法不值得我们仿效，因为这些想法不切合实际。

3．会计人员的对策

作为一个财务会计人员,在自动化浪潮中要保持清醒。既要支持会计自动化,又要努力提高会计专业水平,同机器赛跑。

6.1.4 跨专业合作

在20世纪,人类社会进入机械化时代,讲究专业化分工;到21世纪,人类社会进入互联网时代,讲究人与互联网互动、强强结合和跨专业合作。所谓合久必分、分久必合,这是世间事物发展的内在规律。举例如下:

(1)作者与自动化专家陈晓峰先生的合作[2]。由作者提供会计核算的矩阵模型,陈晓峰先生编成会计自动化软件。

(2)作者把会计工作经验与数学知识相结合写作论文[3]。一方面把工作经验归纳成会计学基本原理,另一方面利用矩阵代数和向量变换知识证明这些原理。

(3)在编写自学考试教材财经类用书《数学》[8]的时候。作者与辽宁大学教授赵长骥合作,由作者提供财经类专业必须具备的高等数学知识,然后在赵长骥教授带领下集体编写成书。

6.2 管理会计无止境

本节从管理会计的现状出发,探讨管理会计的特点以及我们应有的对策。得出管理会计无止境,优胜劣汰将会成常态的结论。

6.2.1 管理会计的现状

当前企事业单位管理会计状况有以下几个类型:

1. 微型或小型单位

微型或小型单位管理人员少,请不起一个会计。它们或者请兼职会计,在家里工作;或者请代理会计,在代理机构办公。这样微型或小型单位可以省去招聘工作、办公场地费用。

当政府机关或主管部门要求提供一些管理会计数据时,也由兼职会计或代理会计完成任务。

2. 中型或基层单位

中型或基层单位设有财务股，有几个财务人员，但不设专职管理会计部门。当政府机关或主管部门要求提供一些管理会计数据时，由财务股指定专人做这项工作，称为管理会计员。

管理会计员可以只按规定上交指定数据，也可以自己提出一些管理会计课题进行一些自选的管理会计工作。这些情况要看管理层的要求或管理会计员的素质、能力和时间而定。

3. 大型或跨国公司

大型或跨国公司设有财务总监，领导一班管理精英开展管理会计工作。另外设有财务会计机构，它只有配合管理会计工作的任务而无过问管理会计工作的需要。

在公司重大规划与决策课题中，财务会计部门一般只是参与而不是主力。主力部门包括财务总监、公司的顾问团、发展部和市场规划部等。

这些部门的精英不但熟悉会计、熟悉管理，而且熟悉心理学和行为科学，哲学、数学以及工程和生产技术。而财务会计人员的任务只是提供各种财务信息，必要时给管理会计工作提供协助。

6.2.2 管理会计的特点

管理会计有以下特点：

1. 内容范畴广

管理会计除了与财务会计划分界限之外，其内容范畴漫无边际，或者说动态边际。所谓动态边际是指凡是自然科学、社会科学的新发展、新动向都可能被管理会计吸收过来，为我所用。而这些新发展、新动向随时间推移不断更新。这种态势在管理会计过去的成长过程及发展过程是如此，在它将来的发展过程也将会是如此。

2. 结构无系统

管理会计结构无系统是它内容范畴广泛和动态边际的必然结果。其后果是它很难成为一门独立的科学尤其是一门现代化科学。

本来管理会计的内容已经紧跟现代化的步伐甚至可以说是现代化科学技术的气象台、万花筒。但一门现代化科学必须具备内容稳定、边际清晰、系统性强，最好还是建立在公理化系统之上。

3．不具独立性

管理会计对其他科学依赖性太大，甚至可以认为是一门以微观经济管理为例题的应用数学——微观经济管理数学。这样也为管理会计成为一门现代化科学带来阻隔。

举个比喻来说：管理会计不是一套长剧，而是一出折子戏专场；管理会计不是一本小说，而是一本短篇小说集；管理会计不是一本经济管理科学，而是一本经济管理论文集。

6.2.3　管理会计的前景

综上所述，管理会计是经济管理精英云集之所，前途无可限量。能够作为这支队伍的一员，为经济管理添砖加瓦将是无限光荣的。

但是，在这支队伍中优胜劣汰将会成为常态。只有这样，这支队伍才能不断吐旧纳新，永远立足于不败之地。

随着科技无止境，管理会计也无止境，这要求你追我赶、前赴后继；努力学习、辛勤工作；不断更新，跟上主流。

6.3　手工操作永传承

以入账、算账、报账为基本内容，手工操作方法为主要特征的财务会计，不会因为自动化、电算化和互联网化而消失或被边缘化，财务会计将无可代替。

6.3.1　财务会计前程无限

财务会计在现代化、自动化和互联网化的历史巨轮中不会被淘汰、被边缘化。财务会计将会和人类社会并存，无可代替。不仅如此，财务会计还会激流勇进，向前发展。这是传承人类非物质文化遗产的需要，也是新一代会计接班人的历史使命。这是因为：

1. 实践是认识的基础

财务会计现代化、自动化和互联网化的设计者本身必须先进行手工操作会计的学习和实践。因为实践是认识的基础，而最基本的实践是手工操作会计。

2. 使用会计软件的要求

在电脑上使用和操控会计软件，不懂手工会计不行。我们要求上机操作会计软件的人，必须精通会计的手工操作，因为起码做会计分录还要人脑思考和手工操作。

3. 学习会计历史的需要

为了传承人类非物质文化遗产，就要学习会计历史；学习会计历史，就要走前人走过的路，从手工操作会计做起。

4. 研究发展会计理论的需要

作者多年来研究会计学理论，凭的是多年会计工作实践的经验。作者希望有志从事会计学理论研究的青年打好根基，从手工操作会计开始。

6.3.2 会计原理一定要学

会计原理一定要学，是因为：

1. 会计是常识

有人以为，会计电算化，不用学手工会计了。恰恰相反，不但会计专业要学手工会计，其他非会计专业的经济专业或管理专业也要学手工会计。理由只有一个，会计是常识。

记得20世纪80年代的报纸有一个招聘广告，其中一项是招聘"应副助理"。真奇怪，请助理还要副职？原来会计部门起草的招聘广告是招聘"应付助理"，不知到了哪个环节，有人不懂会计，以为会计部门把"副"字简写为"付"字，就改"正"过来。原因很简单，就是没有会计常识。所以有些可以自主开设课程的中学，也像开设音乐、艺术课程一样，开设手工会计课程。

2. 会计是素质

人的素质高低一般情况下不会表露出来，在出问题时素质低就表露无遗。例如有人说某铺子不亏损是因为铺位是自己的物业，这就暴露了他不懂机会成本；

有人说："明年工资增长10%，购买力便增长10%了。商机无限，我要从商。"其实前者叫作名义工资，扣除通货膨胀才是实际工资。

因此，有些国家会计列入小学课程，中国有些专业撤销英语课改设会计课。这是因为英语是工具，会计是素质。

3. 会计是公共课程

不但会计专业人员要学手工会计，其他非会计专业尤其是经济、管理、审计和电算会计专业也要学手工会计，这是因为会计是一门公共课程。

为此，我们建议会计专业和相关专业今后做到：

（1）开设会计原理课程，仍旧学习借贷记账法。学习做书面凭证、分录和记纸质日记账、分类账，以及手工做对外财务报表。

（2）开设工业会计、商业会计等行业会计课程，仍然使用借贷记账法；同时学些基本的管理会计知识，必要时兼任一些管理会计工作。

注1：科学理论往往要几百年甚至过千年才被普遍接受，用于现实生产和生活。会计学理论也不例外，现阶段仍然使用借贷记账法。

（3）开设会计史、拓扑会计学和二分法会计等会计理论课程，提高会计理论水平。

（4）开设电子计算机原理、程序设计基础和电算会计等课程，提高会计自动化水平。

注2：在会计史、拓扑会计学和二分法会计等会计理论课程，以及电子计算机原理、程序设计基础和电算会计等课程中，关于会计学理论和实操均可使用正负记账法。

6.3.3 手工操作大有作为

审时度势，作者认为财务会计同行应采用的对策如下：

（1）如果你是手工会计的行家里手，对微观会计积累了丰富经验，你就应该做一行爱一行。同时运用你的经验，逐步学习和尝试一些管理会计课题。

（2）如果你乐意参加学习、培训和进修，在条件允许情况下提高你的学历。进一步可以参评各级职称，有大好前途。

（3）如果你哲学、数学基础较好，可以自学会计史、拓扑会计学和二分法会计等会计理论。如有心得，可写成论文，在专业杂志上发表。

（4）如果你对计算机原理和电算会计有兴趣，可尝试设计一些管理软件，在单位试用。若试用成功，也可写成论文，在专业杂志上发表。或与会计软件商合作，把管理软件推向市场。

6.4　返璞归真合为上

财务会计的前景离不开当前经济、科学和技术的大环境——信息化、自动化和互联网高度发展时代。形象地说，这将是一个返朴归真的大环境。

在这个大环境中物竞天择、适者生存、合者为上。

6.4.1　物竞天择

物竞天择是达尔文进化论的核心，意指：万物竞争胜负由大自然选择，公平竞赛、机会均等。主要论点是生物在繁衍下一代时会出现基因变异。如果这种基因变异会使生物更好地生存下去，大自然会选择这种变异。

在当前经济、科学和技术的大环境中，信息鼻孔下，头顶网络云。财务会计界人士应该怎样应对？作者意见是：

1. 求生存

求生存是财务会计界人士力争财务会计一代一代传承下去，不会被边缘化。

2．求进化

求进化是我们财务会计界每隔几十年都给人类一个惊喜（量变），每隔几百年都会出现社会接受的基因变异（质变）。

3．求发展

逆水行舟，不进则退。社会经济发展洪流滚滚，科学现代化建设热浪滔滔。当前各行各业乘风破浪，奋勇前进。财务会计业界谋求发展，刻不容缓。

6.4.2 适者生存

人类原始社会处在一个完全的天然环境：大地在我脚下，头顶日月星辰。游戏规则是"物竞天择，适者生存"。其中，"适者生存"是物竞天择的必然结果。

财务会计界如何做到"适者生存"？作者意见是：

1．个人方面

从个人来说，另谋高就，蝉过别枝是下策；做好本职，但求无过是中策；努力学习，提高自己是上策。

2．单位方面

财务会计人员应该支持单位改革技术，节能减排；清产能，去库存；增科技含量，减劳动密集。

3．行业方面

财务会计行业方面，要集中精锐创建大型会计师事务所。开展财务会计培训、财务策划、资产评估、经济顾问、公司医院等业务。

6.4.3 合者为上

当前经济、科学和技术的大环境中，人心思合，祈求和平。我们的应对策略应该是"合者为上"。

关于合者为上，6.1.4 有详细讨论。现就财务会计学与数学的合作问题做进一步补充。

著名哲学家马克思说过："一种科学只有在成功地运用数学时，才算达到了真正完善的地步。"为了财务会计科学达到真正完善的地步，只有成功地运用数学，实行财务会计与数学结合。

1494年财务会计科学正式面世时是作为数学的一部分——簿记分离出来，体现了财务会计科学与数学的"分"；500多年后，拓扑会计学的面世，又体现了财务会计科学与数学的"合"。这就验证了分久必合的预言。

本书写到这里，作者不禁感慨万千。挥笔写下两行字，以作本书的收笔：

  传统会计源流远，
  人间正道是沧桑。

参 考 文 献

[1] 伊尻雄治. 三式簿记和收益动量［M］. 娄尔行，译. 上海：上海人民出版社，1984.

[2] 陈晓峰，岑湛标. 一个通用会计自动化系统（UAAS1）的设计与实施. 计算机工程与应用，1984（04）.

[3] 岑湛标. 会计学某些基本原理的数学证明. 数学的实践与认识，1985（04）.

[4] 岑湛标. 拓扑会计学［M］. 广州：中山大学出版社，2014.

[5] 辛格 I M，索普 J A. 拓扑学与几何学基础讲义［M］. 于丹岩，译. 上海：上海科学技术出版社，1985.

[6] 常勋，李伯龄，李登河. 西方财务会计［M］. 北京：中央广播电视大学出版社，1984.

[7] 李天民. 管理会计学［M］. 北京：中央广播电视大学出版社，1984.

[8] 赵长骥，岑湛标. 数学［M］. 沈阳：辽宁人民出版社，1987.

[9] 莱宁格. 会计学中的数量方法［M］. 李鸿寿，莫启欧，译. 上海：上海人民出版社，1983.